RESHAPING
THE STRUCTURE OF
INFORMATION ECONOMY

重 塑
信息经济的结构

张翼成 吕琳媛 周 涛 ◎ 著

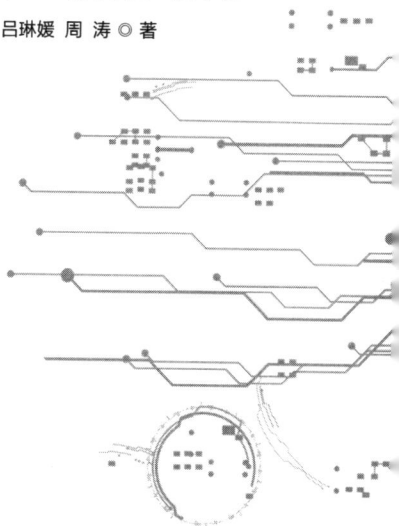

四川人民出版社

新形势呼唤新经济，新经济呼唤新理论

周 涛

成都市新经济发展研究院

中国现在面临的问题，不是求大求胖，而是要由大转强，由胖转壮！劳动人口多，劳动力成本低所带来的红利，已经不足以支撑中国经济继续高速且稳定地向前发展。西方工业国家的发展已经显示，如果没有新兴经济形态，也不依靠传统产业的转型升级，传统经济形态连续的、惯性的力量，已经不足以全面支撑社会经济的健康发展。中国恐怕也不例外。

新形势下的持续健康发展，亟需加快发展新经济，培育壮大新动能！时代在变化，新旧也在不断更替：以前是新的，现在看起来可能是旧的；现在是新的，未来看起来可能是旧的。因此，新经济并没有一个亘古不变的边界！如果把新经济看作是新动能的主要承载，那么，可以大致根据新动能的来源划分出新经济的大致领地。首先是技术的突破创造了新动能，对应于数字经济、智能经济等形态；其次是商业模式的创新释放了新动能，例如流量经济、共享经济等形态；再次是国家战略牵引出新动能，例如国家对环境保护和生态文明建设的战略重视，大幅度推高了绿色经济的地位；最后是消费升级产生了新动能，例如精神需求的提升催生了创意经济的崛起。

尽管新经济形态大相径庭，但总体而言，新经济具有聚合共享、跨界融合、快速迭代、高速增长等特性。它们高速发展，有很高的平均收益，但又伴随着巨大的风险。它们尚未形成类似于传统行业的成熟的产业生态，但又具备与传统行业深度融合，甚至助推传统行业转型升级的潜力。它们中的大部分是轻资产的企业，但它们的发展又特别需要资本的助力。它们中的一部分会成为未来经济的支柱，而另外的部分则会衰败甚至消亡。

中国目前已经是世界第二大经济体，但是中国在经济理论和方法方面的贡献却无法与这个地位相匹配。与此同时，主流经济理论在解释经济现象、预测经济趋势、发现经济风险、给出经济政策等方面一直疲软。随着新技术和新经济形态的出现，理论和现实之间的距离还在进一步扩大。新经济形态的出现，呼唤与之配套的新理论、新方法和新政策，而这正是本套丛书应运而生的原因。简单而言，本套丛书希望邀请新经济前沿的研究人员，从感知新经济发展态势，揭示和解释新经济发展中伴生的新现象，提出新经济理论，探索新技术（特别是大数据和人工智能）在经济研究中带来的新方法，解释和设计有针对性的新经济政策等方面入手，构建新经济理论和方法的前沿。

与一般意义上的丛书不同，这套丛书没有主编，没有副主编，没有编委，也没有编委会——只有一个 Logo 把它们"连接"在一起。丛书以原著为主，也不排斥少量特别优秀的译著和文集。总之，除了内容以外，其他都"马马虎虎"了。因为我自己参加过若干编委会，大部分也只是一个虚名。毕竟，一套丛书能给读者带来多大价值，归根到底是靠选题和内容，而不是靠遍插红旗。

这套丛书的第一本，名为《重塑：信息经济的结构》，是一本典型的跨界融合的作品。这本书的主要作者张翼成是国际上最著名的统计物理学家之一，但它却不是统计物理学的专著，而是作者 20 多年经济学思考和研究的集粹。随着互联网的飞速发展，信息第一次以一种重要的无形产品在经济社会发展中扮演重要角色，而我们每一个人，既是信息的消费者，也是信息的创造者。主流的经济学理论远远落后于信息科技发展的速度，已经无法把光怪陆离的信息经济现象规整收编。本书用通俗、风趣的方法高度提炼了作者 20 多年的研究成果，是一本针对信息经济的具有完全系统性、原创性的著作。

谨以最好的内容献给读者，以为序！

新时代，新经济，新理论

梁春晓

信息社会 50 人论坛理事、阿里研究院高级顾问

20 年来，以互联网为核心的信息技术迅猛发展，加速推动传统经济和社会基础设施的解构和重构，云计算、移动互联网和智能终端正在成为新的基础设施，数据正在成为新的生产要素，大规模协同与共享正在成为新的经济结构和社会结构，全球经济和社会正在从工业时代向信息时代全面转型，信息经济正在成为当下和未来中国经济增长和转型的核心动力。如何创建符合经济实际特别是信息时代实际的经济学、管理学、金融学等基础理论，是这个时代最迫切的理论要求。

20 世纪中叶以后，围绕新古典经济学等传统经济理论的假设、体系和适用性的争论一直没有停息过，且有愈演愈烈之势。随着信息经济的发展，经济主体日趋小微化、海量化，经济主体之间的连接与互动日益密切和频繁，生态、涌现、进化、自组织和不确定性等复杂性特征日益突出，现有经济理论越来越难以应对和解释信息经济。

近年来，云计算、大数据、移动互联网和人工智能快速崛起，使得传统经济学、管理学和金融学等许多理论都面临比以前更大的疑问、困境和挑战。在美国，围绕信息经济展开的经济学大讨论也十分激烈。

产业界呼唤新的理论。长期以来，在学术界和产业界之间存在一种奇怪的错位：学术界希望帮助企业解决具体问题，而产业界（尤其是前沿企业）则期待学术界能够提供跟得上时代且具有前瞻性的基础理论。所谓"理论指导实践"并非理论家直接指导实践，而是实践者自己在好的理论的启示下实践和改进之。身处风云变幻的技术、环境和市场竞争中，产业界渴望能够直击事物本质、把握根本规律的理论，渴望在巨大不确定性之中找到哪怕些许确定性，渴望好的理论能够帮助产业界拥有更好的远见和洞见。

　　张翼成教授是信息经济的领军人物，周涛教授和吕琳媛教授是近年涌现出来的青年领袖，他们师生合力打造的《重塑：信息经济的结构》无疑是一部非常重要的学术著作，是十年磨一剑的思想成果，无论在理论上还是实践上都恰逢其时，意义非凡。

　　《重塑：信息经济的结构》系统分析和阐述了传统经济学的缺陷，并致力于构建一整套新的分析框架和理论体系，为我们对信息经济的认识、理解和实践打开了一扇崭新的大门。我相信，无论是对信息经济体系还是对前沿企业，这部著作都将日益彰显其重要的理论价值，成为面向未来、创造未来的思想武器和源泉。

信息能力，经济学范式转移的关键

段永朝

财讯传媒集团首席战略官、网络智酷总顾问
杭州师范大学阿里巴巴商学院特聘教授

2014 年 4 月，我与《哈佛商业评论》（中文版）高级记者李钊博士共赴瑞士弗里堡大学，专程拜访物理系终身教授张翼成博士。

这次行程，主要是为了与张老师一起探讨"阿里巴巴模式"中蕴含的经济学内涵——当然，我们关注的焦点是信息经济学，并以此为契机，撰写一篇深度文章，发表在《哈佛商业评论》（英文版）上。参与讨论的，有张翼成教授、《经济学人》杂志经济评论部主任保罗·奥默罗德（Paul Ormerod）博士、前伦敦市政厅顾问布丽奇特·罗斯韦尔（Bridget Rosewell）博士、李钊博士和我。

为期一周的讨论即将结束的那个下午，我和李钊博士再次来到弗里堡大学张翼成教授的办公室。谈完预定的内容，还有一点时间，我建议张老师给我们讲讲他正在撰写的一部新书，书的内容是关于信息经济的结构。此后的三年里，我曾多次在不同的国内场合，聆听过张老师对这一主题从不同角度作出的阐释，甚至在 2015 年初，就有幸读到这一书稿的原初版本。那是一部高度凝练的英文小册子，我也曾试图协助张老师早日把他的心血之作翻译出来，介绍给国内关注信息经济的同道。

令人兴奋的是，现在呈现在读者诸君面前的，就是这部著作的精进版，它并非英文小册子的直接翻译，而是张翼成教授与他的两位高足，周涛教授和吕琳媛教授联袂合作，结合中国实际共同写作完成的全新版本。

创新的新市场模型

"魔饼""信息能力""信息劳动分工""个人助理"，等等，粗略浏览一下这部著作，顿时让人觉得，一大波有趣、新颖的提法，扑面而来。

这是一部充满原创思想的著作，也是一部立足于对传统主流经济学的深刻洞见，对信息经济的结构、范式和新市场要素、市场模型充满想象的著作。这些活力四射的术语，正是这部著作鲜明的特征。

过去的十年里，层出不穷的互联网模式创新，涌现出大量新颖的做法，比如淘宝网天猫的消费者点评、芝麻信用、众筹、滴滴打车、共享单车、C2B、分享经济、网红经济、区块链，等等。这些新颖的事物，用传统的经济学理论难以解释。为何经典的边际分析在某些场合下竟然失效？陌生人如何在一次交易中就达成信任？消费者的个性化需求到底是如何表达的？除了价格信号之外，互联网上还有哪些市场信号是过去所忽略的？

作者的思考，大大拓展了传统基于价格信号、边际分析的市场模型，充分考虑了个性化、多样性这一新的维度，并且找到了"信息能力"这一关键概念，将"信息"要素，真正纳入了经济解释的分析框架。

在"信息"业已成为重要的生产要素的今天，主流经济学构建的分析框架，已经不能适应信息经济的理论阐释，这已成为越来越多经济学家的共识。"信息"应当进入这一新的分析框架，但如何进入，依然是个坚硬的难题。此前，信息经济学在宏观和微观层面均试图探讨这一问题，但基本上将信息视为博弈论意义上的"消息"，或者说视为传统经济活动中产生的相关"知识"和"数据"。这固然是事实，但依然没有将"信息"作为独立的生产要素来考量，也没有找到"信息"与其他生产要素之间的内在关联，更没有突出有突破性的新的市场模型。这正是这部开创性著作的价值所在。

新的信息经济思想，将市场参与者的"信息能力"作为杠杆和桥梁，一方面连通多样化需求和个性化生产，另一方面又与隐藏在冰山以下的隐性需求和供给能力产生关联。这一新的市场模型，将超越经典的均衡分析和市场决策分析的束缚，充分面对"不对称性基本原理"的挑战，并为深入解释互联网背景下新的市场经济奠定坚实的思想基础。

独具特色的个人助理

张翼成教授是一位物理学家，同时也是一位专精于金融物理领域的国际知名学者。以物理学家的眼光，他很早就关注"复杂性思想"在经济理论中的运用。自 21 世纪初以来，他培养了一大批青年学者，中国处处有他们的身影，比如说周涛、吕琳媛就是近年在中国影响甚大的青年领袖。他们在中国乃至世界独成一个学派，跨越多个传统学科，攻城略地，取得了骄人的业绩。相信他们这一学派不会止步于本书，而是继续背靠坚实的复杂性、网络分析等数理学科的理论基础，攻坚信息经济与信息社会不断涌现的难题！

最近5年里，基于这一信息经济理论，作者从技术实务提出了一个非常好的思想，就是"个人助手"。由于工作上的关系，我有幸在不同场合听张老师谈论这一构想，感觉这一构想的确抓住了互联网信息经济的一个重要问题。

当今的互联网市场营销，依然是"商家主权"，也就是说，消费者不得不面对信息过载、认知过载的巨大负担。社会推荐算法大行其道的几年里，虽然在一定程度上延展了消费者信息过滤的手段，但依然存在"消费者锁定"的风险。这也是本书里谈到的。

"个人助理"的构想，为消费者赋权奠定了重要的技术基础。消费者的信息能力大大提高之后，才有可能与商家展开平等的对话，个性化和多样性才有对接的可能。可以预想的是，区块链技术的介入，将会使这一进程建立在新型的账户体系、智能

契约网络的基础之上。

此外，"个人助理"的思想，我认为是通向"消费意愿"的一个重要门径。消费者的消费意愿，将是信息经济市场行为争夺的战略制高点，而消费者总是扮演被动角色、总是被"喂养"的时代即将终结，新型的生产关系、消费行为即将建立在新的消费伦理、工作伦理和生产伦理的基础上。这也正是作者在本书结语中的判断："伦理与赚钱不可分割"，用我自己的话说，就是"赚钱与嫌爽同时存在"。

有趣的是，正是在 2014 年接触到张翼成教授的信息经济思想的同时，我对"意愿经济"产生了浓厚的兴趣①。消费者的消费意愿，是一片有待深耕的领域，与认知科学、脑神经科学、心理学、社会学等领域的相互交叉，相信一定会滋生更加令人兴奋的累累硕果。

后电商时代的理论基石

电子商务一直是观察信息经济的绝佳窗口。如果把电商 20多年来的发展划分为两个阶段的话，前一个阶段大致完成了量

---

① 参见哈佛大学伯克曼互联网与社会研究中心研究员多克·希尔斯（Doc Searls）的著作《意愿经济》。

的扩张、基础设施的塑造和电商认知的普及。大致从 5 年前，电子商务进入了新的发展阶段——后电商时代。

2016 年 10 月，马云在云栖大会上作出了这样的断言：纯电商时代过去了。在我看来，这意味着后电商时代的到来。后电商时代的三个主要特征是：

● 从占有到分享（Sharing economy，分享经济）。

● 产消合一（Prosumer，既是消费者同时也是生产者）。

● 社交商务和移动商务的崛起（Social Business & Mobile Business）。

后电商时代需要将交易行为纳入社交网络的框架下重新思考，需要深入挖掘生产者、交易者在大量交流、交易、沟通过程中，消费意愿的形成、聚集与传递机制。这些内容，总体上都超脱于传统主流经济学、市场营销学的视野之外。

张翼成教授的学说中，虽然没有明确将消费者的"隐性需求"表达为"消费意愿"，但旨趣是一致的。消费意愿是互联网背景下消费者理论研究的焦点、难点。消费意愿，并非欲望驱使下的消费需求，而是与消费心理预期、社会互动环境、文化生态密切关联的复杂心理活动。在社交或交易环境下，消费者意愿表达所呈现出的"意向性活动"，作为内心需求对外界的投射，揭示出消费者认知结构、认知行为的隐性特征。信息时代如何理解人的消费意愿，将充分揭示物质与精神需求满足的交叉点，也是解开"爽"（FLOW，美国心理学家、"心流之父"米哈里·希斯赞特米哈伊的术语①）的深层结构的重要途径。

后电商时代，需要建立全新的认知框架，理解充分连接、交互、协作的网络结构下，积极的、主动的人性（如消费意愿），在交易、交往的复合网络中呈现出何种行为模式，并以何种可观察的方式测量、表征，是理解后电商时代新消费者的重要框架。

我相信，张翼成团队的这部著作，为后电商时代，为信息经济的蓬勃发展，定会贡献富有启发的原创思想，为构建信息经济的理论体系，提供重要的思想基石。

---

① 米哈里·希斯赞特米哈伊（Mihaly Csikszentmihalyi）是"心流"理论的提出者，积极心理学奠基人，创造力大师。他的经典著作《创造力：心流与创新心理学》中文简体字版，已由湛庐文化策划，浙江人民出版社出版。——编者注

目录

关于信息经济，你了解多少？
扫码下载"湛庐阅读"APP，
"扫一扫"本书封底条形码，
做做测试题并获取答案。

一个新范式的诞生

工业革命以来，世界经济发生了巨大的变革，象征物已经从"林立的烟囱"转向了"信息"。很难想象在实体经济已经发生了天翻地覆变革的今天，经济学说居然没有经历相应的脱胎换骨。一直以来，在解释社会经济现象的时候，主流经济学是占据着主导地位的理论，但是随着理论和现实的差距越来越大，这些理论对现实世界的解释也越来越乏力，因此迫切需要新的经济理论的诞生。**本书的目的并不在于加入批判的行列，而是颠覆性地提出一种取而代之的新的理论体系，在这一理论中，信息将扮演着核心角色。**

1776 年，瓦特发明的实用性蒸汽机的点火，照亮了人类生活的一个新时代。20 世纪中期，互联网的快速发展推动着人类从工业社会进入信息社会，先行者凭借着对信息的深刻洞察迅速跃居为财富塔尖人士。今天的中国，类似马云这样的"草根"人士缔造着一个又一个创富神话。当东西方世界四处洋溢着对这些信息英雄创富神话的溢美之词的同时，现代经济学却陷入四面楚歌的窘境。一边是正在发生的信息化浪潮，正快速重构着整个现实世界；另一边则是传统的经济学对现实世界无言而对。

信息在主流经济学教科书中并没有获得应有的地位。在供需法则中，关键参数是产品价格和销量，并且假设人们都清楚地知道这些产品的质量。然而，这一假设与真实世界相差甚远。在现实世界中，一个消费者面临着无数的选择，对他来说，知道每个产品的质量，并判断哪个产品最适合自己难似大海捞针。金融市场信息不足的现象更加严峻。例如，一只股票的价值不能完全由其价格、利润率和一些其他参数所表征，因为还有数不清的针对这只股票所独有的细节特征，而这些正是精明的投资者必须研究和了解的地方，也是他们的决胜之处。

主流经济学的核心范式是如何分配稀缺资源，也就是说如何在固定约束条件的情况下进行优化。普林斯顿大学经济学家丹尼·罗德里克（Dani Rodrik）在他的网红博客中对主流经济学给出了通俗形象的描述："这有一堆公司，选了这些变量，这是他们所处的市场约束条件，这是他们需要优化的目标，自然会得出一个平衡态。"事实上，如果给定变量和约束条件，那么唯一可做的事情就是最大化了，于是复杂的经济问题就简化成一道道数学题，正如我们在经济学教科书或文献中经常看到的那样。

虽然罗德里克给出的描述看似是合理的，但真实世界并不满足他的前提。首先，事件不能简单地由一些数学变量表征，因为它们是很难量化的。其次，任何事都不可能做到人尽皆知，而且每个知情者的认知和理解都会存在偏差与不足。因此，要达到某个既定目标（例如，最大化）就要经历一个过程，而过程本身会使约束条件发生改变。以上因素将导致主流经济学的前提失效。既然不可能通过优化达到平衡态，本书提出了一种适用于动态变化情况的新的方法论，于是一个新的经济理论应运而生。**我们并不关注最终的状态，而是关注无穷无尽的动态演化过程，并在这样一个动态过程中不断研究可能采取的行动和相应的后果。**

我们的理论是基于一个新的范式，即将资源的分配和创造合为一体。信息经济中充满了分配和创造行为，竞争者（分配资源）和创新者（创造资源）的角色经常搅在一起无法分割。传统的分配范式，关注的是在固定约束条件下如何进行优化的问题，而我们提出的分配与创造范式，研究的是约束为什么改变和如何改变。在现实世界中，在向着某个目标前进的过程中都会受制于一些约束，随着过程的进展，那些约束条件也会发生变化。

资源创造并不是来自一个魔术黑箱。当著名金融大鳄与哲学家乔治·索罗斯（George Soros）还是个学生的时候，他的导师莱昂内尔·罗宾斯（Lionel Robbins）告诉他，经济学的主要任务就是研究供需关系，经济学家不应该追究更深层的细节。这就好似一座冰山，供需关系是显现在水面上的部分，而水下的情况是没有必要知道的。与此不同的是，我们提出的新范式会关注水下隐匿的部分，因为可见的显性部分（水上）和隐性部分（水下）是紧密相连的（参见图 2-3）。

一般说来，物质资源越用越少，而在 21 世纪，经济资源则可能是越用越多：**挖掘利用一个资源会引发新资源的出现。**新的范式避免了报酬递减的穷途末路，而是考虑一个开放演化过程。每当我们解决了一个问题，更加复杂的问题会接踵而来。经济增长并不是一次次优化的结果，财富也不会魔法般地冒出来。**如何认知与分配现有的资源将会影响未来资源的产生。**

主流经济学也考虑变化，但是那些变化好像是上帝注入的外部因素。当外部因素注入时，经济系统会重置，然后就会从一个均衡跳跃到另一个均衡。然而，主流经济学并不理睬是如何从一个均衡跳跃到另一个均衡的。在我们提出的新范式下，分配过程是需要时间的，在这个过程中约束条件会发生变化，这种变化会带来新的东西，因此分配和创造必须同时考虑。这两种力量既相互竞争又相互补充，共同驱动经济永无休止的演化。

经济中充满着稳定和不稳定的力量：有限资源的分配属于前者，而创造属于后者。因此，经济系统很少能保持在某一个均衡状态。主流经济学只关注分配问题，而忽视了创造这一重要驱动力，这也许就是造成很多主流经济学理论与现实世界经济不匹配的主要原因。在本书中，我们指出当资源的分配和创造同时考虑的时候，一个新的理论诞生了。

这本书主要介绍三类市场，即消费市场、金融市场和信息市场。每个市场围绕着同样的主题展开，即改善资源分配、约束转移以及新资源的创造。前三章对消费市场大书特书，使读者对新的市场理论有个较完整的了解，我们探讨的议题往往都是当下市场运作的热题，而这些恰恰被主流理论所忽视。后两章我们分别介绍金融市场与信息市场，读者会看到这些市场与消费市场既有共性又有各自特性，但都可被同一基础理论解释。

本书源出于作者张翼成及其领导的研究团队，也包括两位合作者，20 多年来在经济学方面持续深度的研究。事实上，张翼成曾整理过一本简要紧凑的英文小册子，系统性地阐述了他的理论和见解。现在大家看到的这本书加入了国内读者熟知的例子，并对理论进行了更充分的叙述。读者可以举一反三列举更丰富的例子，甚至反例，而且不一定非要接受本书的每一个结论，我们欢迎读者按照自己的思路去分析评判。

信息经济进入 21 世纪以来，中国赶超欧美的步伐令世人瞩目。在这样一个激动人心的历史阶段，我们谨以本书献给在信息经济各条战线奋斗的精英与草根，尤其是与互联网同龄的一代。我们期待本书问世后，一线的读者会给我们提出宝贵的反馈意见，让大家一起来丰富完善市场与经济理论。就像国内的信息经济先行者在某些领域已经领先世界一样，希望有一天，中国人在经济理论领域也能够领先于世界，而不是盲目跟随洋人过时的说教。

RESHAPING
THE STRUCTURE OF
INFORMATION
ECONOMY

01
神奇的魔饼

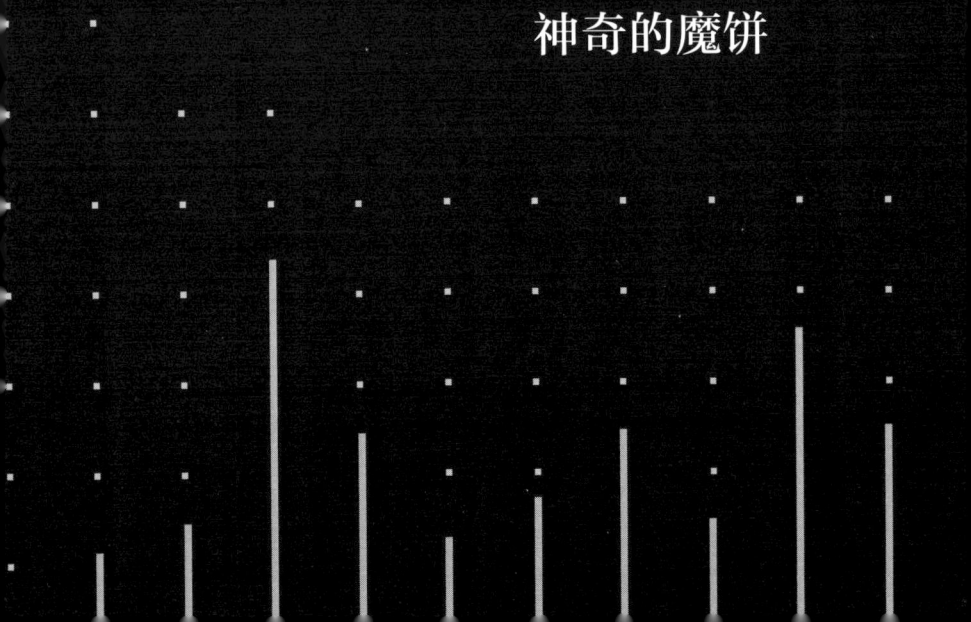

R E S H A P I N G

● 新的供需关系认为，对于给定信息能力的消费者，他们购买某一产品的概率依赖于产品的质量。信息能力越高，购买概率对质量变化越敏感。这意味着，更懂行的消费者倾向于购买性价比更高的产品。因此，面对更加识货的消费者，商家不但会调整价格，也会去改进产品本身，使得交易量进一步提升。

● 在消费市场中，价格和质量通常由生产者和销售者（统称为商家）决定，但是销量依赖于消费者是否接受这样的价格和质量，可以说是市场上的供需双方共同决定着产品总的利益，这个利益是商家的现金利润和消费者因为购买到商品的满意度的收益之和（前者比后者容易测量）。他们的总收益可以看作一张魔饼，饼的大小依赖于消费者的信息能力以及商家相应采取的行动（调整价格和质量）。一般而言，信息能力越高，饼越大。

● 信息能力的提升促进了经济增长，但前者总是赶不上后者的步伐。也就是说，消费者永远摆脱不了信息缺失的厄运。

● 不管是商家还是消费者，都不会让信息和经济的增长停滞下来。新产品可能给市场带来真正的新奇事物，这将促进经济增长并同时带给消费者新的信息真空。

> " 消费市场是现代经济的支柱。我们将介绍一种新的供需关系，其中消费者都只有有限的信息能力，也就是说，每个人对商品的理解都有不同程度的缺憾，而信息能力正是消费者的核心特征之一。"

信息能力

信息在消费市场中扮演着举足轻重的角色。因为缺乏足够的信息，即便是有着丰富购物经验的消费者，对于一个产品的很多方面，如适用性、质量以及长期伴随的收益和风险，往往都是茫然的。我们时常难以选择到最满意的旅游产品和电子设备。在教育培训、保险理财和医疗保健上，信息的不足和选择的盲目更加严重。

　　信息如此重要，但在传统的供需关系中却根本没有获得应有的地位。大家不妨回忆一下我们读过的主流经济学教材。在讲述供需关系的时候，作者往往拿极其简单的商品举例，比如橘子和苹果，对于这些商品，消费者比较容易辨别它的质量。在进行了一些理想化的研究分析之后，主流教科书毫不犹豫地把适用于橘子和苹果的结论推广到更加复杂的商品中。加州大学伯克利分校的经济学家布拉德福特·德隆（J. Bradford DeLong）曾嘲笑格里高利·曼昆（N. Gregory Mankiw）把医疗保健与食品杂货相提并论，而前者尤其容易遭遇信息不足的问题。例如，一份来自瑞士提契诺州的研究报告指出，有大约33%的手术是不必要的 [1]。瑞士远不是过度治疗的冠军，这其实在世界各地都泛滥成灾。

　　当代消费市场展现出的形形色色的销售手段往往与信息不足相关。当我们在市场中购买产品的时候，最核心的问题是如何发现真正满足我们需求的产品，以及如何判断产品的质量。事实上，美国的硅谷也好，中国的无数互联网创业公司也好，都拿出了千奇百怪且富有想象力的信息战略来让消费者发现产品，以及让商家发现消费者。

---

[1] W. Emons, Credence goods and fraudulent experts, The RAND Journal of Economics 28 (1997) 107-119.

消费市场是现代经济的支柱，因此我们在前三章主要关注它。这一章我们将介绍一种新的供需关系，其中消费者都只有有限的信息能力，也就是说，每个人对商品的理解都有不同程度的缺憾，而信息能力正是消费者的核心特征之一。在下一章中，我们将介绍如何提升信息能力。随后，第3章将概述信息能力提升后的结果。

加州大学伯克利分校的经济学家乔治·阿克洛夫（George Akerlof）在其诺贝尔经济学奖获奖作品《柠檬市场：产品质量的不确定性与市场机制》中，用一个二手车的例子阐释了信息不足是如何导致市场失灵的 [1]。

> 在旧车市场，卖车人知道车的真实质量，而买车人不知道。这样卖家就会以次充好，买家为了尽量降低风险则会以平均质量作为参考，以平均质量出中等价格。如此，卖家若提供高于中等价的上等旧车会吃亏，而提供低于中等价的下等旧车则得益。这样，上等旧车便会逐步退出市场，导致平均质量进一步下降。接下来，买家会继续

---

[1] G. Akerlof, The market for lemons: Qualitative uncertainty and the market mechanism, Quart. J. Econ. 84 (1970) 488-500.

降低估价，次上等车会继续退出市场。最后的结果是：市场上都是破烂车，劣币驱逐良币，最终导致市场失灵。

信息的不足往往以一种不对称的方式存在：商家比消费者更了解他们卖的商品，而消费者比商家更清楚他们需要什么。我们进一步推广阿克洛夫的理论，假定信息不对称在一定程度上会影响大部分市场交易，只有在最坏的情况下，即所有消费者信息能力近乎为零时，才会导致市场失灵。

这样一个可变动的区间称为个体的信息能力（information capabilities）。如果一个人的信息能力无穷大，那么他对产品是完全知情的；相反，如果一个人的信息能力为零，那么他对产品则是完全无知的。消费者大都介于中间，他们对产品真实质量的认识将取决于他们信息能力的大小。信息能力越高，越能更好地认识给定产品或服务的质量和适用性。有限的信息能力这一概念类似于赫伯特·西蒙（Herbert Simon）提出的有限理性和认知局限[1]，但信息能力这个术语能够更好地表达本书所关注的焦点。尽管对于信息

---

[1] H. A. Simon, Models of man: Social and rational (Oxford University Press, 1957).

能力我们还不能测出绝对值，但是，通过对比可以在现实生活中确定不同人具有明显不同的信息能力。

一个人对于一个给定产品或任务的信息能力，取决于他自身的属性和外部因素。 自身属性指技能和努力，前者包括经验和天赋，后者包括花在这个产品或任务上的时间和功夫。

国际象棋棋王加里·卡斯帕罗夫（Garry Kasparov）在快棋赛中与 10 个稍弱的选手对阵，他必须把自己的精力同时分配给多个对局，因此对于每一个对局而言，他的信息能力就降低了。

普利策奖终身评审托马斯·弗里德曼（Thomas Friedman）曾引用过一个故事[①]：

高盛集团的分析师曾经在 1967 年关注了 75 只股票，但是 30 年后减少到约 12 只。因此平均而言，对于每一只股票，分析师的信息能力应该有了大幅度提高。

[①] T. Friedman, The lexus and the olive tree (Farrar, Straus and Giroux, 2000).

外部因素也会影响一个人的信息能力。例如，在 Airbnb 早期，为了让用户能更好地了解信息，创始人改善了展示图片的分辨率。这一简单的方法有效地提升了潜在消费者的信息能力，促进了更多交易。正如我们这一章即将讨论的，这种能够通过外部手段改变的信息能力，可以极大地被商家所利用。

面对不同产品，一个人的信息能力也有所不同：对于某些产品，这个人或许是专家，而对于其他产品，他却可能一无所知。**因此，信息能力是人与产品之间的特定关系。**另外，判断一个产品的质量，也不仅仅取决于这个产品是否制作精良，还要考虑是否高度个性化。长沙臭豆腐对有些人来说是美味，而对另一些人来说却感到深恶痛绝，因此质量必须包括适用性，即产品是否适合个人口味。拥有有限信息能力的消费者必须面对这些挑战：

◆ 首先，找到相关的产品。
◆ 其次，辨别产品的质量。
◆ 最后，货比三家做决策。

信息能力在人群中的分布是不均匀的。如果有两组人，他们有不同的信息能力水平，那么商家就能够分别对待他们。

比较一个住宅区附近的商店和一个临近火车站的商店。住宅区附近的消费者大都是当地人，他们会反复光顾商店买东西。而在火车站的商店，消费者大都是过路客，在该店买东西可能只有一次。当地人通常比路人有更高的信息能力水平。如果一个商店有80%的顾客是当地人，剩下20%是路人，另一个商店与之相反，20%为当地人，80%为路人，那么前者的顾客平均信息能力高于后者。所以，在以当地人为主要顾客的商店中，商品的性价比通常要高于以旅客为主要顾客的商店①。

平均信息能力水平可以被视为一种公共财产，因为商家通常会以大规模人群为目标：如果平均信息能力保持在较高水平，一个粗心的消费者或者一个外地人仍然可能会获得一个不太差的交易。这是由于那些勤奋的消费者的选择给了商家压力，使得卖家诚惶诚恐，不敢太贪。

本节的目的是要传递这样一个信息：**消费者只能在一**

---

① E. D. Beinhocker, The origin of wealth: evolution, complexity, and the radical remaking of economics (Harvard Business Press, 2006).

定程度上认识一个产品，并且这个程度的改变依赖很多因素。我们在本书后面的若干章节中会详细讨论这些因素。接下来的问题是，在消费市场中商家如何提供产品，如何应对信息能力的改变。

魔饼

主流经济学教科书讲供需关系的时候有两个参数，即产品的价格和数量。这一关系指出，当产品价格下降的时候消费者会购买更多，反之亦然。然而，它暗含了消费者完全了解产品质量的假设。在我们提出的新的供需模型中，质量将作为一个额外的参数被明确引入。而消费者对一种产品质量的了解程度，又取决于他的信息能力，也就是他个人和产品之间的关系参数。因此，**新的供需模型引入了两个新的参数，即产品质量和信息能力**。尽管这个扩展后的供需模型比原有教科书中的版本稍显复杂，但是它能够解释真实世界中消费市场的常见信息策略，而传统的供需模型则不能。

在传统的供需关系中，产品的价格和数量作为两个变量出现。经济学家通过观察市场对价格和数量向上或向下变化的反应，来解释某些市场现象。令人费解的是，一个多世纪以来，产品的质量和信息一直被假定为固定不变的。事实上，这一极度简化的假设与真实市场高度不一致，因为在现实经济中，商家可以改变的不仅仅是价格，还有产品质量，特别是对于现代企业来说更是如此，市场快速反馈、精益化生产使得产品的更新迭代更加容易，有时候产品质量的提升是一件非常简单的事情。

一旦放弃了这种不符合真实市场的假设，一个新的供需关系就产生了，从而催生了一个全新的市场理论[1]，该理论可以很好地描述和解释传统经济学理论难以触及和解释的部分。

主流经济学供需法则指出，如果产品价格便宜，消费者就会买更多。而我们所提出的新的供需关系认为，对于给定信息能力的消费者，他们购买某一产品的概率依赖于产品的质量。信息能力越高，购买概率对质量变化越敏感。因为内行人，例如苹果手机的铁粉，对质量的细微变化都一清二楚，

---

[1] Y.-C. Zhang, Supply and demand law under limited information, Physica A 350 (2005) 500–532.

而极端情况下，一个智障人士对于产品的好坏完全无感。**这意味着，更懂行的消费者倾向于购买性价比更高的产品。因此，面对更加识货的消费者，商家不但会调整价格，也会去改进产品本身，使得交易量进一步提升。**

我们所提出的新的供需关系还蕴含一个结论，那就是：**如果消费者能更好地了解产品，那么他们也会购买更多。**如果消费者完全不知道产品的质量，即信息能力为零，他们就不会买。这就对应了乔治·阿克洛夫提到的柠檬市场失灵的极限情况。而如果消费者的信息能力提升一些，对于产品质量有初步的判断，那么他们就会购买自己认为性价比能够接受的产品，交易便开始了。事实上，乔治·阿克洛夫等人的工作已经暗示，让消费者了解更多产品信息可以促进更多交易。

如图 1-1 所示，商家 G 和消费者 B 在三种不同信息能力水平下的利益分配饼图。这三幅饼图的结果都是假设商家是主动方，他们针对每一个给定的信息能力水平，通过调整产品的价格和质量，最大化其利润总量（商家的利益容易测量，就是它的利润）。最右侧（c）图对应的消费者信息能力最低，商家为了最大化利润必须拿走更大比例的饼，事实上他们也能够做到拿走更大比例，因为这个状态下的消费者信息能力低，对质量高低缺乏判断力，商家可以以次充好、鱼目混珠，获得更大比例的利益。但是由于总饼很小，所以商家实际分得的绝对数量小了。最左侧的（a）图，消费者信息能力最高，虽然饼大了，但面对懂行的消费者，商家不得不降低所占份额。（b）图，当消费者信息能力处于某个特定的中间水平时，尽管这个饼不是最大的，但是商家的绝对利润却是最大化的。

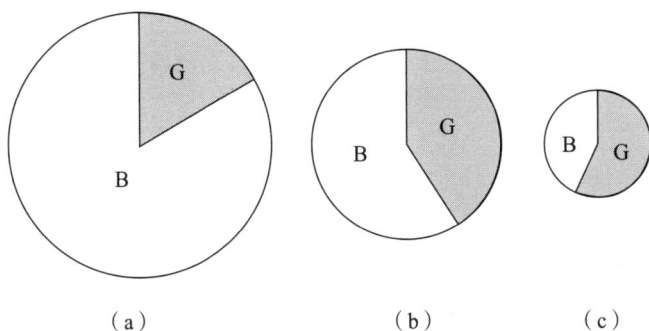

图 1-1　商家 G 和其消费者 B
在三种不同信息能力水平下的利益分配饼图

在消费市场中，价格和质量通常由生产者和销售者（统称为商家）决定，但是销量依赖于消费者是否接受这样的价格和质量，可以说是市场上的供需双方共同决定着产品总的利益，这个利益是商家的现金利润和消费者因为购买到商品的满意度收益之和（前者比后者容易测量）。商家和消费者之间的交易按理说应该是双赢的，但利益往往不是平分的。他们的总收益可以看作一张魔饼，饼的大小依赖于消费者的信息能力以及商家相应采取的行动（调整价格和质量）。一般而言，信息能力越高，饼越大。这张饼之所以叫作魔饼，是因为一般的饼是已知大小然后去分配，但魔饼的大小取决于其分配方式。

如果我们把信息能力看作一个变量，允许它连续地变化，并且假设商家总可以通过调整质量和价格，针对不同信息能力水平去最大化其利润，那么我们就可以得到如图1-1所示的三种具有代表性的魔饼组合。如果我们绘制在整个信息能力区间内商家的总利润，就可以得到如图1-2所示的先上升再下降的曲线。图1-2的最左端，消费者的信息能力为零，对应于完全无知的极限情况，因此没有交易，商家利润为零。随着消费者信息能力的逐渐提升，产品单位利润率递减。降低单位利润率对商家来说并不一定总是坏事，因为销量的增加会带来更多利润。利润随着信息能力的增加达到一个最大值，然后逐渐降低。

　　事实上，提升消费者信息能力会产生两个相反的效果：**一方面，信息能力的提升促进了销售量的增长；另一方面，有效的竞争使得利润率下降，两方面影响共存**。我们可以看到在 C 区域里前者起主要作用，在 D 区域里后者起主要作用。在所有的区域，单位利润率都随着信息能力的提升而下降，但是在 C 区域，销售量增加带来的利润能够弥补利润率下降的损失，而在 D 区域则不能。商家希望消费者的信息能力水平恰好保持在让自己利润最大化的位置上，但这显然是一厢情愿的想法，因为单靠商家一方无法使消费者的信息能力保持不变。

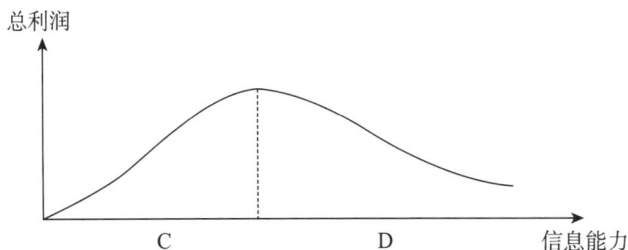

图 1-2　商家总利润与消费者信息能力之间的关系

　　为什么当消费者变得更加"聪明"的时候，商家的利润就会下降呢？因为随着消费者信息能力水平的提升，商家

的竞争变得更加有效,从而单位产品的利润率会下降[1]。主流
经济学认为[2],一个信息充分的市场会导致充分的竞争,从而
利润率将会有效地减少到零。因此,当消费者的信息能力水
平持续上升时,商家的利润率被进一步压缩,销售量的增长
将不足以弥补单位利润率下降造成的损失,从而形成 D 区
域的总利润下降。当然,消费者并不容易真正对产品的情况
了如指掌,而且消费者常常把他的信息能力分散到众多的可
选商品中,因此分配到单个商品的信息能力就下降了[3]。所
以,相对于完全信息而言,真实市场中消费者的信息能力总
是有限的,在这种情况下,增加更多的竞争对手不会进一步
降低利润率[4]。总而言之,有限的信息能力导致有限的竞争,
这反过来又会导致一个有限的利润率,因此在 D 区域,总
利润不会下降到零。

---

[1] H. Liao, R. Xiao, D. Chen, M. Medo, Y.-C. Zhang, Firm competition in a probabilistic framework of consumer choice, Physica A 400 (2014) 47-56.

[2] H. R. Varian, T. C. Bergstrom, J. E. West, Intermediate microeconomics (New York, Norton, 1996).

[3] T. Scitovsky, The benefits of asymmetric markets, The Journal of Economic Perspectives 4 (1990) 135-148.

[4] L. Lü, M. Medo, Y.-C. Zhang, D. Challet, Emergence of product differentiation from consumer heterogeneity and asymmetric information, Eur. Phys. J. B 64 (2008) 293-300.

商家的任务不仅仅是通过调节其产品的质量和价格从而追求利润最大化。很多时候，商家有可能自愿降低其利润，以成本价甚至亏本销售，尤其是在新产品推出市场的时候。这一表面慷慨的背后是有经济学解释的。一条产品线可能有很长的生命周期，在初始阶段，商家可以选择零利润或者负利润以迅速扩大其市场份额。如果将一款产品整个生命周期内的利润累积，更有利可图的策略并不是在每个时间点都进行最大化。尽管如此，不要期待商家一直这样慷慨下去，在产品后期他们就会"原形毕露"。**总的来说，我们预料商家会在初始阶段（C 区域）慷慨，而在后面阶段（D 区域）贪婪。**

通过以上基于新供需关系的市场模型分析，加之商家竞争的考虑，可以看出，商家总利润先增后减是消费市场的一个普遍特征。正如我们后文将看到的，**当消费者的信息能力超过一个特定值的时候利润下降，这成为市场演化的一个主要驱动力。商家不必专注于一个产品太久，新颖和多样化的东西会对消费市场进行扩充。信息能力的提升通常伴随着产品的成熟，利润下降迫使商家选择新的出路：要么寻找新的产品，要么创新技术提升原有产品的生产效率。**

信息竞合

如果消费者的信息能力在整个市场过程中是固定不变的，那么商家要做的就是从一开始就通过产品设计和宣传，让消费者的信息能力停驻在图 1-2 中总利润最大的位置。于是，这个任务又变成了一个优化问题，本书到此就可以打住了！然而，有趣而又充满挑战的真实场景是，消费者的信息能力在不断的变化，这种变化既源自他们自身认知的增长，也有来自商家主动的引导。**基于这种可变的信息能力，消费者和商家在一个商品生命周期的不同阶段，在信息获取上会形成时而合作、时而竞争的复杂竞合关系。**在本书后面的章节中，我们将关注引起信息能力变化的原因，以及这种变化可能带来的后果。读者会看到，**信息能力的广泛增强成为一种把非经济因素（如认知能力）转化为财富的主要途径，这也就是魔饼的奇妙所在。**

消费者总是逐渐获得对新产品的认识的，对一个给定的商品来说，他们的信息能力随时间的延长而提升。因此，图 1-2 中的"总利润 - 信息能力"曲线也可以绘制成"利润 - 时间"曲线。当消费者信息能力提升的时候，商家的单位利润

率会降低，但他的总利润或升或降，这取决于消费者的信息
能力是处于图 1-2 中的哪个区域。在这两个区域中，商家的
态度是截然相反的：在 C 区域里，商家会帮助消费者提升
信息能力；在 D 区域里，商家则会阻碍消费者提升信息能力，
甚至是通过一些手段降低消费者的信息能力（细节可以参见
第 17 页脚注）。总的来说，消费者信息能力的提升总是给消
费者带来利益增长，但对商家却不一定：在 C 区域里，的
确商家的总利润也随着信息能力的提升而增长，而在 D 区
域里反倒下降。因此我们称 C 区域为合作区域，D 区域为
竞争区域。**在合作区域里，商家会帮助消费者了解产品，从
而提升他们的信息能力，但在竞争区域里，商家会使用各种
信息手段误导消费大众，也就是说降低他们的信息能力。**

　　商家这种对消费者信息能力的复杂态度，在现实市场
行为中比比皆是。以汽车零售商为例，有些商家认为"最
好的顾客是内行消费者"[①]，而另外一些则惊呼"零售商不
得不对付那些内行消费者！不能让他们得逞！"[②]。这两个相

---

① C. Barone, The best customers are informed customers, Automotive body
repair news 39(4) (2000) 26.

② M. Masnick, Oh no! car dealers might have to deal with informed customers!
that must be illegal! Published on Feb 13, 2012, see the link www.techdirt.
com.

互矛盾的盈利观点都可能是对的，这取决于商家所处的区域：处于 C 区域则前者对，处于 D 区域则后者对。当然，判断自己处在什么区域，对于每个商家来说都是一个巨大的挑战，因为很多商业实践的失败都来源于对这个位置的错误判断。

综上所述，**商家有动机与手段去加快或减缓消费者信息能力的提升，甚至降低其信息能力。在产品推广初期，商家会尽量提升消费者的信息能力，而在产品后期，商家反倒会阻碍消费者提升信息能力或降低其信息能力。**通过这种方式，商家能将图 1-2 曲线下面的区域拉伸，从而获得更多利润。

消费者的认知、信息能力是否可以被人为地控制呢？主流经济学家和营销大师持有相反的观点。前者认为消费者是不会上当的。他们认为消费者知道自己想要什么，并且无论做什么，对他们自己来说都是最好的[1]。后者则坚持认为只要拿钱来，就可以随心所欲地去忽悠消费者。例如，阿尔·里斯（Al Rise）父女在一本著名的畅销书中宣称[2]，如果一个产品失败了，那一定是因为营销技巧太差而不是产品

[1] G. J. Stigler, G. S. Becker, De gustibus non est disputandum, Am. Eco. Rev. 67(2) (1977) 76-90.

[2] A. Ries, L. Ries, The 22 immutable laws of branding (Harper Collins, 2009).

本身的问题，就好像一个优秀的推销员可以将任何垃圾卖给消费者。这样的看法就像是候选人把一次选举失败归咎于宣传不当，而不是候选人本身。在这本书的后面章节中我们将看到，真相会介于两者之间：**有限的认知能力既给了一些操纵信息的空间，但也不易颠倒黑白。**

广告是商家影响消费者信息能力最常见的手段。广告经济学的学术论文中可以总结出广告的两个功能：提供信息和刺激物欲[①]。然而另外一个功能鲜有讨论：卖方总会扭曲事实。描述一个复杂的产品有多种方式。厂家和他们的推销代理通常会尽量放大好的方面，忽略坏的方面。赤裸裸的欺骗通常不被允许，但是在谎言和真相之间是有一个灰色区域的，再好的市场规则也会让精明的商家利用这一灰色区域钻空子——故意扭曲的事实无处不在，关键在于扭曲的程度罢了。扭曲套路无奇不有，每个读者肯定会有自身的切肤体会。

与"酒香不怕巷子深"的俗话恰恰相反，对于一个商家来说，仅有好产品是不够的，他们必须关心消费者如何找到并了解其产品，以及如何从竞争中脱颖而出。由于消费者的信息能力是有限的，商家必须在产品的生产与营销之间进

---

① K. Bagwell, The economics of advertising (Edward Elgar, 2001).

行资源的分配，他们不得不把宝贵的资源分流到看似纯属浪费的表面功夫上。事实上，产品成本中有相当可观的一部分消耗在营销上。

在我们的日常生活中，营销产生的复杂性随处可见。例如，形形色色的折扣券令人费解（见图 1-3）：为什么商家不直接降低产品价格呢？为什么消费者需要在报纸上剪下折扣券，记住一个促销二维码，或者回复邮件才能打折？旅游宣传册和免费地图上布满了餐馆和商店的优惠券，但需要你细心筛选，才能在交易中获得实惠。事实上，当你将优惠券剪下来并在交易前展示给商家的时候，就足以证明你的信息能力高于平均水平，并且你在意这个优惠，对价格敏感。相应地，那些明明收到了优惠手册却到店购买原价商品的消费者，要么是对价格不敏感，要么是缺乏足够的信息能力。由于不同消费者的信息能力不同，把原本简单的东西搞复杂，商家可以把细心和粗心的、内行和外行的消费者区分对待，从而让粗心的外行消费者（或者富到不在意价格的消费者）花更多钱，而让细心的内行消费者也能买更多商品。

跟中国类似，打折在美国也是司空见惯，制造人为的障碍让消费者拿不到广告里的折扣价更是常事。商家希望他们有时候忘记张贴打折广告，或者在实施过程中增加繁复的填表手续给消费者制造困难。消费者必须非常细心并坚持到底才能获胜。美国商家通常将打折业务委托给第三方，这些实施公司会降低打折成功率来讨好商家。《商业周刊》2005 年曾分析了很多打折和返利的营销策略。调查发现大约只有 40% 的消费者能够拿到返利。一些第三方代理公司更是扬言，他们可以通过设置层层障碍使这个比例降低到 10%。

图 1-3 折扣券与代金券示例图

面对消费者信息能力的提升，企业是否必须面对利润率越来越低的惨淡命运呢？处于竞争区域的时候，一些商家将采取各种方法阻碍消费者提升信息能力，但他们也只能减缓总利润递减的困境。另一些商家则通过产品创新脱离竞争区域从而开创一个蓝海市场。新市场往往处于竞争不那么激烈的合作区域。

消费者和商家的关系既不像一些杞人忧天者声称的那样完全对立，也不是营销人员甜言蜜语的那样和谐。消费者通过提升信息能力使商家乖乖就范，迫使他们减少耍滑头的行为，致力于产品改良，但最终还是商家来主导财富的创造和社会总收益的分配，从而达到双赢的目标（见图 1-1），而这正是市场经济的基础。

不对称性基本原理

消费者需求和商家供给之间存在着一个普适的不对称性：一个消费者需要的产品和服务是非常广泛的，而一个商家往往只能提供其中很小的一部分。这种不对称性正是我们理论的根基，因此我们称之为"不对称性基本原理"。消费者和商家的这种不对称性，会成为推动市场经济发展的动力。

首先，**不对称性基本原理导致了针对同一个商品，消费者和商家的信息能力存在明显差异。**在《无快乐的经济》一书中（该书被选为 20 世纪最有影响力的 100 本书之一 [①]），著名美籍匈牙利经济学家提勃尔·西托夫斯基（Tibor Scitovsky）把消费者描绘为"杂食动物"，而商家则是"专食动物"。对于一个消费者而言，纵向和横向两个方向都在竞争他的注意力：横向上，他需要把自己的信息能力分散到不计其数的商品与服务类别上，而且越广泛越好；纵向上，他又必须仔细甄别每个产品的质量，也是越深入越好。因此，可选产品数量的增加和单一产品复杂性的增加，都在蚕食消费者本就寥寥的信息能力。与之相反，一个商家专注的是一个窄的领域，换句话说，他的核心产品他当然了如指掌。

其次，**不对称性基本原理使得消费者需求的扩展潜能和商家供给的扩展潜能不同。**在传统主流经济学中，供给和需求被看作是给定条件，而实际上，消费者的需求和商家的供给必须不断扩大，经济才能增长。对于绝大多数产品而言，消费者并不会绝对忠诚 [②]，因此当发现性价比更好的产

[①] T. Scitovsky, The joyless economy: the psychology of human satisfaction (Oxford University Press, 1977).

[②] 例外也会发生，比如苹果就有铁粉。2008 年，本书作者之一周涛听闻大白兔奶糖被卷入了三聚氰胺丑闻，就趁回国之机，在上海机场囤积了大量大白兔奶糖，以防止其下架后不易购买。

品后，消费者很自然就会"抛弃"原来的产品。对于同一类需求，消费者很难抗拒新产品的诱惑，例如，在中国改革开放最初的 10 年间，可口可乐就取代茶叶，成为年轻一代最受欢迎的饮料 [①]。但是，消费者对任何单一产品绝对需求量的增长都相对缓慢，比如从 1990 年到 2015 年，中国经济规模增长了 10 倍，但当年早餐吃 2 个包子的人，如今未见得能吃下 20 个包子 [②]。

RESHAPING THE STRUCTURE OF
信息经济的力量 INFORMATION ECONOMY

婚姻配对的启示

商品交易与婚配有相似之处，消费者与商家都想在对方群体中找到合适的对象。1962 年美国数学家、经济学家戴维·盖尔（David Gale）和劳埃德·沙普利（Lloyd Shapley）提出了《稳定的婚姻配置》（*The Stable Marriage Problem*）的解，该工作最终获得 2012 年诺贝尔经济学奖。问题的定义简单：先给定

---

① 本书作者之一张翼成曾在中国河南省的一所农村学校里，看到教科书上印着可口可乐、麦当劳的广告和优惠券，这种做法在西方是不被认可的。

② 女孩子对于服装、箱包、首饰需求量的变化，需要用更加复杂的经济理论来解释，其难度超出了本书的范畴。

N 男 N 女，以及每个人对异性对象的喜好程度（按 1 至 N 排列）。然后，安排男女配对。喜好人人都不同，简单假定是随机的。稳定配对的标准是人人都结了婚，没有任何一对男女是自己分别已婚却还在垂涎对方。单相思是不可避免的，比如只有一个丑女选了你（男），你还垂涎央视的周涛（女），这也是稳定解。最后，学者们发现稳定解非常多。虽然该问题讲的是婚配，但也可以应用到其他场合，比如，应届毕业生与工作单位的匹配问题等。下面，我们专谈它对消费市场的指导意义。

每一个所谓的稳定解就是所有人都能接受的一个婚配方案。能接受并不代表人人都欢天喜地。比如，盖尔 - 沙普利算法（the Gale-Shapley algorithm）的最初的解是：每个男人按照自己的喜爱程度，按由高到低的顺序向女方求爱，直到终于有个美女接受了他。这个方案是"一方主动另一方被动"。当这个方案结束时，看上去男人们一次次碰壁，而女人们则一次次拒绝求爱者，我们会问：谁最幸福（配偶在自己的喜爱表上排序叫作幸福指数）？结论是，那些厚脸皮的男人比那些清高的女人的平均幸福指数要高得多！当然，在女人主动、男人被动的国度里，平均幸福指数也会反转。如果双方都主动，就会实现共赢：全体男女的幸福指数之和将远大于"一方主动另一方被动"的盖尔 - 沙普利算法的解。

盖尔和沙普利进一步研究了与真实世界更相近的模型：每个人仅仅认识全体中的部分异性。但即使你一个都不认识，在主动求爱的异性中，你还是可以辨别哪个是你最爱的。这个信息不完备的婚配模型就跟真实世界相近了。假如某地有 N 男 N 女在找对象，大家只认得 10% 的异性，而你却认识了 20%。那么，你就可以多发一倍的求爱书，也就是说，你的主动程度可以大于他人，掌握更多信息的你，如果采取主动，幸福指数可能大大高于竞争者。在这里顺便寄语给还在寻觅对象的读者们：想要更幸福一定要主动呢！部分信息模型给我们带来新的启示：只有了解对方才可能主动，主动的程度依赖于你的认知广度，这一点在市场中特别重要。

消费市场与婚配有同有异。消费者与商家互相寻觅，前者的口味多有不同，而后者的商品也不尽相同。区别于婚配的是，很多消费者可以购买同一款商品，而不是像美女那样只能嫁一个男人，所以，婚配问题应用到市场中是个略微扩展的广义婚配问题。

对于消费市场，我们得出这样一个普世的结论：如果供需双方有许多选择的话，主动寻觅继而得到的利益远比被动等待获得的利益大得多！当下的消费市场正是可选数目巨大，而且双方貌似都主动的态势——消费者在寻找商品，商家在用尽伎俩"老王卖瓜"。这种情况下，供需双方谁更主动，谁获得的利益就更大。目前我们了解的状况是，商家的主动程度要比消费者大得多，而且还有各种市场中介无孔不入地帮助商家推销（主动）。

现在我们回到正文中提到的不对称性基本原理。相比婚配，消费市场有一个重大区别，就是供需双方可以扩展。消费者需求的扩展从未间断，商家的生产潜力更是无量。正文中说到商家的扩展空间远大于消费者的。这就与当下的主流市场模式，即商家远比消费者主动正好相悖。如果市场要扩展的话，扩展空间小的一方应该更主动才是。商家的扩展空间更大，如果某款商品的利润一般或勉强可以接受，那么他们可以改进效率，加强创新，从而盈利。我们在第 2 章将看到，新的中介模式会大大增强消费者的主动程度。在第 3 章我们也会看到，商品的销售模式将由目前的"推"逐渐转到消费者的"拉"。

由于这种不对称性，经济增长的特征是消费者在商品种类上无限制扩大，而任何单一品种都不会有太大的增量。商家为了让消费者了解并购买自己的新产品，必须通过各种营销手段提升消费者对产品的信息能力。变得更加识货的消费者又会给商家施加压力，促使商家在垂直方向深入，专注自己经营的小领域，变得越来越专业、高效和规模化，这样才能在相同的成本下生产出更高质量的产品。但是一个产品性价比提升的空间总是有限的，当消费者的信息能力进一步提升时，商家的总利润就会被压缩，最终不得不进行创新，生产新的产品，去适应或者引导消费者的新需求。由于不对称性无法从根本上消除，周而复始，随着消费者和商家信息能力差异的缩小，一个产品会经历多次的改良和降价，之后，新颖的产品会涌现出来——这就是市场经济螺旋式上升的路径。

新魔饼的诞生

让我们设想一下：消费者的信息能力可以无限地提升下去，总有一天，缺陷的信息会被补全，经济最终将抵达普世均衡的极乐彼岸，这不正是经济学家们梦寐以求的吗？遗憾的是，完美信息下的经济是永远不可能实现的！

◆ 一方面，信息能力的提升使得我们更好地了解商品，从而促进经济增长。

◆ 另一方面，经济的增长会带来旧产品的升级和新产品的创造，于是我们的信息能力又重新出现了缺失。

所以，我们必须面对这样一个无情的事实：**信息能力的提升促进了经济增长，但前者总是赶不上后者的步伐。也就是说，我们永远摆脱不了信息缺失的厄运。**当然，这一点也不可怕，因为在一个产品丰富的社会中，缺少信息总比处在一个产品匮乏的社会要好得多。

不管是商家还是消费者，都不会让信息和经济的增长停滞下来。从追求利润的角度看，商家绝不会坐等普世均衡的凄凉。对于任何一件产品，商家和消费者信息差异的缩小将带来越来越充分的竞争，并逐步压缩商家的利润，当产品升级的空间消失或成本太高时，商家不得不放弃旧的产品并开始创造新的产品（尽管创新总是伴随着巨大的风险），去捕捉产品周期中最有利可图的阶段（参见图 1-2 中的 C 区域）。新产品可能给市场带来真正的新奇事物，这将促进经济增长并同时带给消费者新的信息真空。

从消费者的角度来看，信息的增长永远没有一个尽头，他们必须一直面对信息的不对称。产品的改变不仅是从旧到新，种类也会由少到多——消费者新提升的信息能力将被分散在越来越多的新产品中。一般而言，对于某个产品，消费者的信息能力提升到一定阶段后，他们就会降低兴趣甚至弃之不管，把注意力转移到新事物上。新事物逐渐变成老事物，商家和消费者都永远在弃旧迎新。

简单而言，消费者的信息能力提升了，促进新产品的诞生，产品多了，就会再一次稀释信息能力。所以，即使信息能力提升了，也不见得会比以前看得更清楚，因此消费者需要再次提升信息能力。这是一个无止境的循环往复的动态过程。

当消费者的信息能力在纵向上得到提升时，对应的魔饼就会增大；当消费者的信息能力在横向上得到提升时，新饼就会出现。魔饼代表了消费者明确的需求，新饼代表的是隐性的需求。明确的需求是指消费者知道自己需要什么，但是不一定能确定产品的质量和适用性；隐性的需求是那些我们可能还不知道的需求。

以搜索引擎为例，我们来看看它们是如何通过新饼挣钱的。搜索引擎将广告放在搜索结果的列表旁，即使只有一小部分人点击了广告链接进入商家网站，搜索引擎公司都可以获得可观的利润。谷歌、百度的搜索业务可以看成是一个魔饼，在某种程度上他们把所有的饼给了他的用户（搜索不收费），然后从附带出现的新饼（广告业务）中获得收益。新饼的套现需要想象力和精心的设计。例如，旅游地图分销商可以只靠卖地图挣钱，也可以为游客免费提供地图，然后从那些在地图上做广告的当地商家那里获得收入。无数的互联网初创公司费尽心思设计商业策略，他们向用户免费提供核心产品，却从创造出来的新饼中收取费用。与之相对，一些实物产品，如汽车和手表等，则很少是免费的，但是信息产品往往是免费的。

可以说，新饼会缔造经济发展的未来。开始的时候，新饼都很小，商家也很少顾及利润，而许多看似是新饼的其实是误区，但里面终归有些新事物将变成未来经济的支柱。有时候，新饼并不一定都是新东西，不少是新瓶装旧酒，有些商家的新产品仅仅是占了其他商家的老地盘。但是在这种互相恶斗带来的新饼中，也总有一小部分是真正的新事物。并且，商家知道对于已取得的成功不能沾沾自喜，因为消费者的品位和时尚很快就改变了，而创造新饼往往是善于创新的商家在竞争中脱颖而出的主要手段。

信息能力的提升加速了新饼的诞生。一些公司善于开拓新饼市场，而另一些能更有效地挖掘旧的市场。新饼通常是以前没有被认识到的机会，但是由于消费者信息能力和品位的改变，新饼得以发现。有能力和远见的企业家更乐于看到消费者信息能力的提升，并且更热忱地追求新饼，而不是与他们的消费者和竞争对手抢夺现有的饼。一般而言，对于新饼，消费者和商家的信息差异更加严重。在图 1-2 的合作区域里，商家有更多的动机用自己的方式帮助消费者了解他们的新产品。但由于消费者的信息能力对任何产品而言，都会随着时间的推移而提升，所以，当商家从合作区域跨越到竞争区域的时候，就是该寻找新商机的时候了。

　　本章大部分的内容都取决于消费者信息能力的提升。可能发生并不意味着必然发生，因此，下一章我们将讨论如何达到提升信息能力这一宏伟目标。消费者信息能力的提升，既不是靠魔法，也不是通过劝导消费者提高警惕而实现的。没有对实现方法的充分讨论，神奇的魔饼也只能是画饼充饥。

RESHAPING

THE STRUCTURE OF

INFORMATION

ECONOMY

02
信息中介

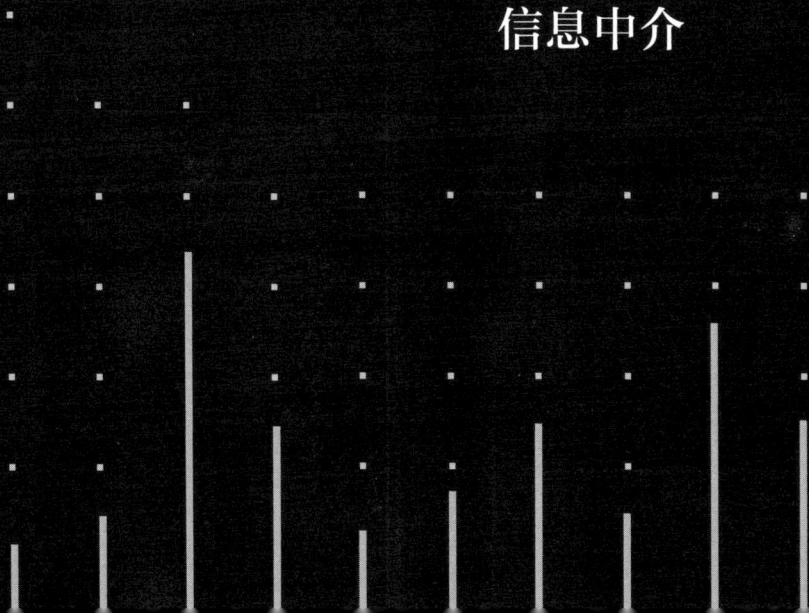

R E S H A P I N G

- 根据基本原理，经济增长的最有效的方式是帮助消费者。随着信息技术的快速发展，特别是利用这些新的商业模式，善于创新的企业家会抓住帮助信息弱势方的历史机遇，提升消费者的信息能力。我们认为，根据魔饼理论，不贪婪的企业（多帮助，少剥削）将有更好的未来前景，它们会创造出更多的价值。

- 在所有消费者购买的物品中，已经有相当大一部分是由隐性需求触发的。无论消费者喜欢与否，很多商家和他们的营销代理都在挖掘消费者的隐性需求。在经济上，隐性需求也许与显性需求同等重要，而在未来，它们会更重要。

- 与诱惑型中介正好相反，在新兴商业模式中，信息中介可以站在消费者一边，重点为个人消费者服务。这样一个专门的中介被称为个人助理（PA）。我们预测，PA在未来可能取代当前的很多中介，成为匹配消费者需求和商家产品（或服务）的主流商业模式。

THE STRUCTURE OF
INFORMATION ECONOMY

"
信息中介在组织和推进信息劳动分工时，不仅起
到了汇聚信息的作用，在很大程度上，他们解决
了'如何让充满噪声和矛盾的大量数据成为有价
值、有意义的信息'这一难题！"

信息中介的形态

在第 1 章里，我们把大部分希望都寄托在提升消费者信
息能力上，现在我们来讨论如何提升信息能力。通常消费者
和商家通过形形色色的第三方找到彼此，我们称这种第三方
为信息中介。信息中介连接消费者和商家，使他们找到彼此
（见图 2-1）。专业的信息中介一般比普通消费者更知情。此
外，信息中介的战略地位使得它能同时了解双方的信息，这

一信息优势无论商家还是消费者怎么努力都是无法具有的。

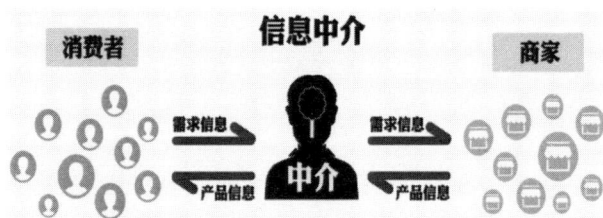

图 2-1　信息中介让消费者和商家找到彼此

信息中介可以大致分为两种主要模式：中间商模式和经纪人模式。前者与传统中间商类似，自己买进卖出并持有商品，同时也提升了消费者的信息能力。后者只是把买卖双方进行信息匹配而不自持商品，并通过成功匹配而获取收益。一般而言，中间商模式的信息中介更靠近商家（商品的生产和提供者），贱买贵卖，赚取差价；经纪人模式的信息中介更靠近消费者，一般不直接从消费者手中收费。

大型连锁超市是非常典型的中间商模式的信息中介。首先，它是中间商，汇聚了很多供应商的产品，并且是这些产品销售到最终消费者的重要渠道。与此同时，它又是重要的信息中介，因为消费者可以看到琳琅满目的经过分类陈列的商品，并且容易比较相似功能商品的价格和质量，而不必下厂一一考察。

经纪人模式的信息中介很容易辨认，例如股票经纪人、旅行社或房地产经纪人，等等。

　　大多数经纪人模式的信息中介都通过互联网提供服务，如拍卖网站 eBay.com 和电子商务网站淘宝网。谷歌也可以看成是一个中介，虽然我们除了搜索以外很少注意到它这个擦边球匹配的功能。谷歌巨大的经济影响力来源于相对微小的营利性活动：通过赞助的广告来匹配商家和消费者，即用户搜索商家竞价的关键词就会看到相应的广告。有些行业专家，一个人就可以起到重要的信息中介作用。露丝·雷克尔（Ruth Reichl）1993—2001 年担任《纽约时报》的美食评论家，她被认为是纽约城市餐饮领域最具影响力的权威之一，甚至最势利的那些餐馆都非常关注她冷不丁的到访。她所扮演的匹配角色，或者说是她的雇主《纽

约时报》扮演的匹配角色，实际上是利用了规模
经济效应，让一个人的专业知识为成千上万的食
客所用。以"勃艮第色彩餐厅指南"而著称的美
国餐饮专业评价和评级服务商 Zagat，以及中国城
市美食体验必不可少的大众点评网，也扮演了类
似的角色。只不过相比那些明星美食评论家个人
的力量而言，Zagat 和大众点评更信赖众多食客综
合的反馈意见。

与上述信息中介的两种主要形态不同，还有一类带有自
营行为的信息中介。也就是说，在信息中介的功能之外，还
同时销售自己的商品。但是，这不是一种独立的信息中介形
态，因为如果只有自营的商品，那么商家本来就有义务给消
费者提供更多信息，从而做大魔饼，所以这不是一个中介的
角色。事实上，信息中介的自营行为只能伴随中间商模式或
经纪人模式。

沃尔玛超市除了销售其他供应商的商品外，
也销售自己的自营品牌——惠宜；在线旅游公司
携程除了提供加盟旅行社的组团旅游产品外，也
提供自营的组团旅游产品。显然，我们不能相信

沃尔玛和携程在提供信息方面是完全公正的，因为惠宜商品和自营旅行线路总是摆放在超市最好的位置或者网站最显眼的地方。不过，既然他们依然在惠宜商品和自营旅行线路旁边摆放了若干"竞争品"，就说明信息中介的价值和收益比直营更高，所以他们首先是信息中介，此外兼卖一些自己的商品。

中介这样的第三方有何必要性呢？中介可以有效地提升消费者的信息能力使得魔饼变大。一些知名的经济学家已经意识到了经济受困于不完全信息的情况下，信息中介机构的重要性。美国西北大学研究生管理学院教授丹尼尔·史普博（Daniel Spulber）认为，中间商模式的信息中介可以提升市场效率，产生净财富。他在《市场微观结构》一书 ① 的序言中明确指出："当通过中介交易获得的收益超过直接交易获得的收益时，公司就出现了。"全球顶尖经济学家约瑟夫·斯蒂格利茨（Joseph Stiglitz）在其《经济学》教科书 ② 中有一

---

① D. Spulber, Market Microstructure: Intermediaries and the Theory of the Firm (Cambridge University Press 1999).

② J. Stiglitz, Economics (W. W. Norton & Company, Fourth Edition, Chapter 19, 2006).

整章讲"不完全信息",以及信息中介扮演的角色。近年来也有大量的学术论文讨论有关中介角色的各种问题。

消费者 - 中介 - 商家,这种三方关系能够获得各方共赢,现代经济环境下,这种关系以各种各样的形式广泛存在。

广受欢迎的旅游指南《Let's Go》有一个为旅行者匹配适合的餐馆和酒店的附属功能。例如,指南中有一个章节是介绍卡普里岛(Capri),那是位于意大利那不勒斯附近的一个风景如画的小岛。在介绍"去哪吃"的页面上,你可以找到餐馆提供的 10%~15% 的折扣券。那些挥舞着指南的消费者显示出比其他人更高的信息能力,并且他们在意这个优惠。整个交易是三方共赢:餐馆赢得了更多的顾客,游客得到价格优惠,指南出版商卖出了指南并获得了读者的信赖。

因此,**这种三者关系已经成为主流的商业模式,超越了原来的只有买卖双方的模式。进一步地,这种关系可以拓展为四方甚至更多参与方。**例如,eBay 以及在其平台上交易的买卖双方构成三方关系。谁来保护消费者? Buysafe.com

是套在 eBay 里边的一个独立的中介，它帮助消费者检查和验证产品的真实性。因此，这就构成了一个更复杂的四方关系。

最近 20 年，许多互联网服务闯入人们的生活，他们的角色就是商家和消费者之间的信息中介。互联网泡沫破裂之后，大多数所谓的"新经济"企业都衰落了，只有少数知名的企业能够在这种残酷现实中幸存下来，其中就有很多知名的"信息中介公司"，如亚马逊、Craigslist[①]、eBay 、Priceline[②]等。许多行业新星，如 Uber、Airbnb 也强势出现了。信息中介并不局限于商业交易，也可以出现在其他方面，例如，我们可以把熟知的维基百科网站（Wikipedia.org）或知乎看成是知识提供者和知识搜寻者之间的媒介，把百合网、世纪佳缘等可以看成是婚配双方之间的媒介。

---

① Craigslist 是一个网上大型免费分类广告网站，由创始人克雷格·纽马克（Craig Newmark）于 1995 年在美国创立，它是美国最火的分类网站。该网站上没有图片，只有密密麻麻的文字，标着各种生活信息，是个巨大无比的网上分类广告加 BBS 的组合。
② Priceline 是一家基于 C2B 商业模式的旅游服务网站，是目前美国最大的在线旅游公司。

信誉的管理者

在前文中我们介绍了两类信息中介：中间商和经纪人。这是从信息中介在整个商业链条中所处的位置和所具备的功能来看的。**就实现的手段而言，信息中介大体又可细分为两类：专家中介和平台中介。**

前文中提到的雷克尔这样的美食专家就是专家中介的典型例子。**专家中介的优点之一是规模效应，**因为一个雷克尔就能够帮助很多食客，又如 CNET.com 上几个专家的评论就能让众多买家变得识货。这种规模效应还体现在专家身后有一大批受其影响的消费者，所以商家在面对专家的时候，他不是面对一个人，而是面对一个联盟，因此他必须努力去展示自己，从而客观上提升了这些消费者的信息能力。

平台中介则使用一种不同的策略。这些中介并不雇用专家给出意见，而是成为消费者自己的评论的幕后管理者。例如旅游点评社区猫途鹰（Tripadvisor.com）允许用户评价全球的酒店和餐馆。游客不仅能给商家打分（从一颗星到五颗星），商家还鼓励他们写出具体的经历以便让其他人找到共鸣；Curetogether.com 和 Patientlikeme.com 是病友们分享经历的网站；大众点评网和淘宝网上热门的餐饮和单品上，常常会汇集成千上万的评分和评价，这些都会帮助我们进行选择。

这些平台中介假设别人的经历和评价对你来说有用。但事实上，这一假设只是在一定程度上有效，且具体取决于问题的复杂性。对于简单而有共性的问题，比如酒店房间是否干净、餐厅服务员是否友好等，别人的意见具有较高的参考价值。但是，对于一些更加个性化的问题，如一个度假产品是否适合你，不能单纯参考别人的经历，而是需要更多地考虑其他人的观点中哪些才是和你相关且具有参考价值的。而一些更复杂的问题，非专家的评价基本是没有意义的，比如复杂并发疾病的综合性治疗方案。当然，根据我们在大众点评网和淘宝网上的经验，这些评价对于我们生活中的简单选择作用非凡。

信誉，或称商誉（Reputation），在消费市场中起着重要的作用。如果一个消费者有无限的信息能力，就像主流教科书中洞察一切的理想经济人，那么信誉对他来说就是多余的，因为商品的一些品质细节和价格水平他都了如指掌。但事实上，大部分消费者都缺乏独立作出正确判断的信息能力，这个时候，信誉就变成了信息能力省事儿的替代品。信誉是建立在其他人经历的基础上的，可以直接拿来使用而不必知道所有细节。然而，由于信誉是一个笼统的判断，我们经常需要将它与我们自己的信息能力结合起来。如果我们人人都不用自己的信息能力，那也就没有信誉可言了。信誉是建立在他人信息能力之上的。

平台中介是最重要的信誉管理者！遗憾的是，平台中介作为信誉管理者的角色并不被所有人认识。2001 年 5 月 13 日，《商业周刊》采访了谷歌首席经济学家，加州大学伯克利分校的哈尔·范里安（Hal Varian）教授。在问及 eBay 的成功时，范里安认为："互联网拍卖网站 eBay 的商业模式并非大家想得那么新颖。它只是一个电子的分类系统，那么和星期日报比起来，eBay 的价值体现在当有更多的买者和卖者参与的时候，定价变得非常有效，引起连锁反应。"他的结论是："找过去已经被验证可行的商业模式，然后嫁接在互联网上继续推进。"在那时候的范里安眼中，eBay 只是一张更大的、可以便于翻页和查找的报纸。但是他错了！eBay 的成功很大程度上取决于它作为信誉管理者的这一主要角色，而同样的故事也发生在了中国的淘宝网上面。事实上，数亿的网购用户可以自信地从陌生人那里买东西，其基石在于 eBay 和淘宝网上的信誉评价信息，没有不良记录的老会员比新会员更可信。保罗·雷斯尼克（Paul Resnick）和他的同事发现 [①]，在 eBay 上，同样一件商品，有良好记录的老卖家可以卖出更好的价钱。哈佛商学院教授迈克尔·卢卡（Michael Luca）发现 [②]，在美国最大的点评网站 Yelp 上，评分增加一颗星可以使收入增加 5%~9%。

共享经济之所以可行，很大程度上也是建立在信誉的基础上。滴滴出行从表面上看，是一个传统呼叫中心的线上版本。但它实际上是乘客和司机之间重要的信息中介，并且同时管理着司机和乘客的信誉。滴滴出行司机如果服务不好获得差评，就会影响其接客的概率；同样乘客信誉不好，经常取消订单也会影响其叫到车的概率。平台中介使得司乘双方容易建立互信并可追溯责任，正是这个信誉系统使得用私家车出行成为可行的商业模式。

相比实体店铺，在线商家更关心他们的信誉。那些关于产品负面的评论可以影响到很多潜在消费者。可以这么说，

[①] https://www.wired.com/2007/03/herding/

[②] M. Luca, Reviews, reputation, and revenue: the case of Yelp.com, Harvard Business School working paper 2011.

对于在线商家来说，信誉就是他们的生命。如果你听信报纸广告买了假货，你却很难将你的抱怨和这次不愉快的购物经历告诉给其他潜在的购买者。但是 eBay 和淘宝网上的一个差评，却可能吓退几千上万个潜在的买家。加州大学伯克利分校的两位经济学家迈克尔·安德森（Michael Anderson）和杰里米·马格鲁德（Jeremy Magruder）发现 [1]，在线餐馆评论中一个微小的变化可以成就或者毁掉一个餐厅。在 Yelp 的 5 星评价系统中，评价提高半颗星，餐厅晚餐上座率将提高 30%~49%。研究人员得出结论：在线评论对于消费者判断商品和服务的质量方面，发挥着越来越重要的作用！中国的读者朋友很容易就可以验证这个结论，比如你在淘宝网上给一个差评，然后耐心等待，无穷尽的电话短信会接踵而来，希望你撤销这个评价。

对于进取型的商家来说，信誉平台的引入和消费者信息能力的提升，对他们是有益的；而对于保守型且爱耍小把戏的商家来说，这简直就是一种灾难。然而，不管商家是否喜欢，信誉的长臂会找上门来的，形形色色的评价平台层出

---

[1] M. L. Anderson, J. Magruder, Learning from the crowd: regression discontinuity estimates of the effects of an online review database, The Economic Journal 122 (2012) 957-989.

不穷。事实上，即便在传统意义上非商业的领域，平台中介建立的信誉管理系统也扮演了越来越重要的角色。

例如，Ratemyteachers.com 是一个受欢迎的网站，它允许学生和他们的家长对老师进行评价。这个网站覆盖了北美大多数的学校，无情的评头论足让老师们蒙羞。因此这个网站仍然存在争议，不满大都来自学校。有史以来老师评价学生天经地义，而 Ratemyteachers.com 这样的信息中介则反过来让学生匿名评价老师的态度和能力。

另外一个例子是 Questionabledoctors.org，允许病人评价医生。在过去，除非发生严重的医疗事故导致病人死亡或者残疾，一般情况下，医生不会受到公众的监督。偶尔有业内人士披露出医疗问题，才有医疗界的相关机构过问一二。一方面，在圣洁的白大褂下既有英雄也有恶棍，只看外表很难区分 [1]，这样的评价对于病人选择医生来说，应该有重要的参考价值；另外一方面，医生

---

[1] 选自"全球十大思想家"、美国著名外科医生阿图·葛文德的成名作《医生的修炼：在不完美中探索行医的真相》，该书中文简体字版已由湛庐文化策划，浙江人民出版社出版。——编者注

可能手术失误，病人可能给出错误的评论，但截错的肢体要比一个错评严重得多！最近，迫于医疗游说团体的强大压力，Questionabledoctors.org已经被责令关闭，这到底是进步还是倒退？

我们应该在多大程度上去追求这种个人信誉？隐私问题怎么办呢？如何在这两者之间寻求平衡？

一般来说，有公众角色与权力的人应该接受公众的监督，以免他们滥用权力。但是信誉可以是非常私人化的：我们可以喜欢或者鄙视别人，但是我们重视自己的隐私并且意在保密自己的信誉记录。那些评价老师、医生和警察的信誉网站尽管受到了一些反对，但更多人可能持支持或者观望的态度，但有些评价网站可能真的走过头了！例如评价邻居的网站Ratemyneighbors.com，评价交友的网站Ratemydates.com，评价同事的网站Ratemycolleagues.com，甚至评价前配偶的网站Ratemyexspouses.com。不过大家不要害怕，因为这些网站都夭折了。根本的原因在于普通老百姓是平等的，他们之间不需要相互监视，对他们而言，隐私是更重要的。反过来讲，在那些权力和信息不对称的场景（老师、医生和警察都是这样的例子），就有必要进行监督，这样，作为信息不对称的弱势一方就可以得到弥补。当然，在这些地方，开放式的评价是不是最佳的提升信息能力和管理信誉的方式，还值得讨论与探索。

信息管理者是信息中介的一个重要角色。设想有一天，政治家和企业家的所有公开言论都只需点击几下鼠标就能轻易获得（美国监管机构网站 factcheck.org 正在做这方面的尝试）；天气预报在预测未来几天天气的时候必须出示他们之前的预测记录；金融专家在预测明年股票之前应该公开他们过去的预测记录……今天获得这种问责只能通过少数受过专业训练的人员，例如侦探或者调查记者，进行费时费力的调查。而在普世问责的数据时代，提升信息能力将导致从业者面临更大的选择压力。①

信息劳动分工

亚当·斯密在他的著作《国富论》中，用一个看似微不足道的例子说明了劳动分工（Division of Labor, DOL）的

---

① Manifesto for the reputation society, H. Masum, Y.-C.Zhang, July 2004, First Monday.

力量：工人们在大头针工厂一起工作的生产效率远远高于独立工作的效率，因为每一位工人只需要精通一两个工序，这样他既可以在精通的工序上做得更好，又避免了在工序间切换消耗时间。

　　劳动分工已经大幅度提高了生产的效率，但是，分工能够影响到的范围一般而言受限于工厂规模和所生产产品的复杂性，因此，绝大部分情况下是很局限的。而信息的生产如果实现了高效率的分工，原则上所有的人都可以参与进行，没有任何局限，所带来的影响更是无可估量的。在整个劳动分工中，仅仅靠工人是不够的，工厂起到了至关重要的作用。首先，工厂做了很好的设计，把一个产品所需要的总劳动切分成不同的部分，分配给工人；其次，工厂通过生产出来的成品，集中了这些分工后劳动的价值；最后，工厂通过销售渠道，将产品卖给经销商或终端消费者，实现了这些价值。类似地，在信息劳动分工（Division of Information Labor，DOIL）中，信息中介就起到了组织和汇聚信息劳动，并且实现劳动价值的作用。事实上，信息分工已经催生了许多在线商业模式，这些模式能够充分利用普罗大众的信息劳动，并且在很多时候，这些劳动贡献是免费的。

如图 2-2 所示，信息中介通过两种不同的方式组织和推进信息分工：他们既可以依赖专家，也可以依赖广大人民群众。

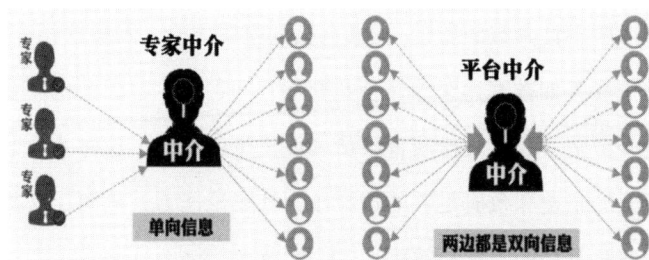

图 2-2　信息中介组织和推进信息劳动分工的两种方式

第一种方式非常简单直接，信息中介汇聚整理专家的意见，他们将这些信息直接或者间接地卖给消费者（例如从商家处收取广告费用），同时向专家支付不菲的费用。例如《纽约时报》需要向雷克尔支付费用，但雷克尔的专家意见帮助纽约时报把更多报纸卖给读者，同时《纽约时报》还可以向商家收取费用。一般而言，消费者的需求是广泛的，仅仅一个雷克尔是远远不够的，所以信息中介需要了解消费者的信息需求，然后设计一个信息产品（例如纽约餐饮百强地图），并聘请多个专家共同完成这个信息产品。

纽约的雷克尔们让纽约餐厅的老板们恪守本分。但这些专家的力量还远远不够，因为纽约的餐饮相比全世界餐饮而言，不过沧海一粟。举个例子，纽约的餐饮店数目还不到成都的一半。因此，我们需要百万千万甚至上亿食客，详查城市中不计其数的餐馆，记录自己的就餐体验。和餐饮相比，其他业务如教育、医疗、公共交通，问责更少，因此也需要更多消费者和市民扮演督察员和评论员的角色。这样才会给相应的企业和政府足够的选择压力和舆论压力，从而让这些服务有更高的质量和效率。

这时候，我们就需要信息中介的第二种方式，把普罗大众支离破碎的信息汇聚起来，并且用更好的方式进行展示。这时候，每一个消费者的每一条评论，都可以看作是信息劳动大分工后的一个贡献。但是，简单地把这些贡献汇聚在一起是远远不够的，例如一家餐厅可能有几千上万个评论，任何一个消费者都不可能在午餐前通读一遍，更不用说比较同一地区若干不同的餐厅。就像前文所显示的那样，信息中介可以利用这些评论，给商家的质量和信誉进行评价，从而用一个或几个综合得分替代无数的评论，帮助消费者进行快速选择。如果消费者想看得更多，信息中介还可以按照差评、中评、好评进行分类，按照时间先后进行排序，按照其他消费者对于某评论是否有用的反馈情况进行排序，并将评论中的要点以关键词云、统计饼图等方式清晰地展示给消费者，总之是帮助消费者快速处理这些信息。

所以，**信息中介在组织和推进信息劳动分工时，不仅仅起到了汇聚信息的作用，在很大程度上，他们还解决了"如何让充满噪声和矛盾的大量数据成为有价值、有意义的信息"这一难题。**

即便信息中介把这些破碎信息作了完整的汇聚和组织，使得消费者获得信息价值的效率大幅度提高，消费者依然会面临"信息过载"的问题：信息中介提供给消费者的信息量远远超过了消费者接收和处理信息的能力。另外，携带一些小众偏好的信息，对于普通大众的作用和对具有同样偏好的人而言是不同的。

批评一个餐厅的菜太辣，是典型的差评，但是对于少数嗜辣如命的人来说，这却是一个说明该餐厅"值得一试"的信号。如果信息中介知道有100个消费者相互之间口味相近（例如他们都嗜辣如命），而且其中有 10 个人都去某老辣餐厅吃过饭并且评价上佳，那么信息中介应该把这个餐厅推荐给其他 90 人，尽管该老辣餐厅普遍评价不会太好，因为大部分不能吃辣的人都会给出差评。

解决上面说的这两个问题，就需要一类特殊的工具：推荐系统 [1]。现代的推荐技术起源于亚马逊，它很早就采用基于历史消费模式的方法给用户推荐书。它能够通过购买记录计算出用户之间的相关性，并且通过文本分析计算出书籍内容之间的相关性，然后向用户推荐与他口味相近用户喜欢的书，以及与该用户以前购买过的书内容相关的书，从而比随便乱抓一本书更适合用户 [2]。许多信息中介想方设法地猜测其用户的下一个需求。例如，音乐网站潘多拉（Pandora.com）和许多其他音乐网站给音乐爱好者推荐新歌曲，stumbleupon.com 给浏览者推荐新的网页，谷歌将商家的赞助商广告和用户的搜索查询进行精准匹配，也可以被视为推

---

[1] L. Lü, M. Medo, C. H. Yeung, Y.-C. Zhang, Z.-K. Zhang, T. Zhou, Recommender systems, Physics Reports 519 (2012) 1-49.

[2] G. Linden, B. Smith, J. York, Amazon.com recommendations: Item-to-item collaborative filtering, IEEE Internet computing 7 (2003) 76-80.

荐广告内容。在某些特定行业，搜索查询可以带来约 5% 的赞助广告点击率，这比在线横幅广告不到 0.2% 的点击率好多了。谷歌相对较好的精度（5% vs. 0.2%）使它的广告成为最赚钱的业务。

提升推荐精度和提升消费者信息能力有异曲同工之效：它们都使魔饼变多、变大了。视频租赁公司 Netflix.com 在 2006 年宣布，谁能将其视频推荐精度提高 10% 或更多，谁就能赢得 100 万美元的奖金 [1]。全球有成千上万支团队接受了挑战。基于消费者对电影的评价，Netflix 能够猜出他们下一个想看什么。Netflix 重金向世界悬赏并不是出于科学的好奇心，提升的精度将使消费者更爱用他们的服务，从而使得魔饼变大。

我们比别人更了解自己，看起来天经地义，其实这只是一厢情愿的想法。信息中介的玩家，包括资深的 IT 专家和有互联网概念的商家，除了大胆启用单个人脑之外，还形成了由人群之间信息贡献与信息交互形成的新的智慧模式，我们一般称其为群集智能。机器最终会更懂我们的喜好，因为

[1] J. Bennett, S. Lanning, The Netflix prize. In proceedings of KDD cup and workshop (August 2007, p. 35).

它记录和分析了人脑不可能记录和分析的海量浏览和购买记录，机器使得他人的喜好，特别是和我们"臭味相投"的他人喜好，最终做了我们消费的主人。某种意义上，人们所长久珍视的"我们最了解自己，并且要做自己的主人"这一原则会被瓦解，但瓦解后的生活是否更加美好和便利，这个问题需要未来的自己去回答。

利用人群产生的信息，要比分析和破译大脑中的神经元数据更加容易。亚马逊或者 Netflix 看到和用到的也仅仅是这一巨大价值数据体的极小部分。即便就信息推荐而言，他们所涉及的也只是很小一部分——主要是书和电影。推荐系统以及其他大数据的多学科交叉研究，将带来更强大的算法和解决方案，从而创造出更强大的信息中介，使得群众产生的信息能够更少损耗地转化为现实世界的应用。

谁为中介的服务埋单

我们讨论了信息中介如何帮助消费者了解信息，从而变得更识货。原则上，信息中介不仅可以帮助消费者，也可以帮助商家。一个消费者仅仅对一小部分与他相关的产品或服务有所了解，并且这种了解往往是比较肤浅的。一个商家和他的营销代理商很可能搞不清楚谁是他们真正的潜在客户。因此，这两方都需要信息中介的帮助。基于三方共赢的前提，信息中介有权在整个魔饼中分得一杯羹。对于中介来说，在新饼中分得一份要比分现有的饼更容易。因为新饼的创造很大程度上取决于中介的主动行动，因此中介更具有主动权。而且，商家享受了新饼更高的利润率，因此更愿意与中介分享利润。

大部分信息中介平台提供的服务主要是针对消费者的。然而，向消费者收取信息服务费是一件异常困难的事情。

首先，信息产品的信息不对称非常严重（请参考第 5 章内容），消费者作为信息不对称情况下的弱势一方，不能分辨出优质信息服务（付费）与稍次的信息服务（免费），所以他们往往选择后者。例如，音乐网站潘多拉在 2005 年推出的时候尝试过订阅模式，但是仅持续了三个星期。创始人蒂姆·韦斯特格伦（Tim Westergren）说："很显然这种模式是不行的，唯一的选择是免费。"目前看来，韦斯特格伦是有先见之明的，因为即便到今天，绝大部分信息中介平台对消费者而言都是免费的。

其次，要从许多消费者中收取费用是有难度的，因为这很可能导致交易成本超过所获得的收入 [①]。

所以，信息中介为了生存下去，只能向商家收取费用。中介向一方收费而服务另一方，这看起来有点奇怪，但细看却有经济道理。这是因为商家有了信息中介平台之后，既可以增加一个获得更多用户的渠道，又可以通过提升消费者的信息能力，增大它的魔饼，从而提高它的整体收益。在一些旅行信息网站上，如 Expedia.com 和 Hotels.com 等，用户可以搜寻比较各种产品，不用付一分钱，而网站通过旅游企业的广告投放获得可观的收入，这是商家看中了信息中介平台的导流作用。又如 Buysafe.com 在 eBay 上为消费者认证产品的真实性，但是由商家埋单，这是商家看中了信息中介平台提升消费者信息能力的作用。所以，目前大多数信息中介免费向消费者提供服务，但向商家收费。

那么，消费者是赢家吗？现在这么说还为时过早，因为信息中介并不一定是全心全意帮助消费者，事实上，信息中介会利用消费者的弱点，一边帮助他们，一边又哄骗他们。

[①] O. Williamson, S. Masten, The economics of transaction costs (Edward Elgar Publishing, 1999).

例如，搜索引擎将商家广告放到搜索结果里并收取商家费用，表面上看是商家在付费，但实际上消费者可能受到更大的剥削，因为这些广告信息并不是从最佳信息匹配的角度出发的，只要商家付了费用，就有望被排在搜索结果更靠前的位置。对于信息能力特别弱的消费者，他们没有获取和分辨信息的能力，就容易被这些信息误导，因此实际上信息中介和商家共同剥削了消费者。百度就深谙其道，例如某科技大学患肿瘤病的学生魏则西根据百度的排名选择了所谓的"国际先进疗法"，结果赔钱丢命。在美国，Yelp.com 允许用户搜索和评价餐馆和其他业务。比如，当你搜索一个在旧金山附近的寿司店时，结果中就会出现一个显眼的赞助商的店铺，这个店铺的用户评价看起来高得惊人。

不管在中国还是美国，竞价排名机制都存在付费竞价权重过高、商业推广标识不清等问题，不仅影响了搜索结果的公正性和客观性，网民也容易受到误导。当然，去了一家味道不那么地道的寿司店，和选择错了治疗肿瘤的方案，给消费者带来的后果有着天壤之别。有社会责任感的信息中介，需要仔细考虑哪些种类的广告能够做竞价排名，哪些不能。

当然，互联网平台中介并不是最贪婪的，大唱片公司也可以看成中介，但是他们比在线中介更坑人：通常情况下，艺人只能获得总收入的 8%~12%。面对巨大的灰色地带，信息中介有很多可能的模式，有些更侧重剥削消费者，另外一些则更侧重帮助他们，这取决于企业家的视野、理念和所服务的目标人群。**根据不对称性基本原理，经济增长的最有效的方式是帮助消费者。随着信息技术的快速发展，特别是利用这些新的商业模式，善于创新的企业家会抓住帮助信息弱势方的历史机遇，提升消费者的信息能力。我们认为，根据魔饼理论，不贪婪的企业（多帮助，少剥削）将有更好的未来前景，它们会创造出更多的价值。**

诱惑型中介

消费者的需求范围往往很广，除了显性需求之外，还有很多隐性需求。每天"待办事项表"中列出的总是我们的显性需求，而隐性需求往往不在我们活跃的记忆中，甚至我们从不知道自己有这些需求。隐性需求和显性需求的关系，正如冰山的上下两部分（见图 2-3）。即使愿意，人们也无法清楚地表达出他们的隐性需求，因此，要求消费者填写调查问卷也是徒劳的。商家必须想方设法获得消费者的隐性需求，而没有信息中介的帮助这是很难做到的。

显性需求

隐性需求

图 2-3　隐性需求和显性需求的关系

接下来，我们将介绍利用隐性需求的两种不同类型的商业模式：

◆ 第一种，中介帮助商家收集消费者信息，即站在商家一边，我们将在本节进行讨论。
◆ 第二种，中介致力于帮助消费者，即站在消费者一边，我们将在下一节介绍。

前者易做，但可能好景不长；后者则须大范围精心布局，但前景无量。

既然显性需求已经排满了消费者的待办事项表，为什么还要去考虑隐性需求呢？简而言之，答案就是在所有消费者购买的物品中，已经有相当大一部分是由隐性需求触发的。无论消费者喜欢与否，很多商家和他们的营销代理都在挖掘消费者的隐性需求，比如说，有针对性地投放广告可以唤醒消费者的某些隐性需求。在经济上，隐性需求也许与显性需求同等重要，而在未来，隐性需求会更重要。

显性与隐性需求

知名著作《默会维度》（*The Tacit Dimension*）的作者，英国化学物理学家迈克尔·波兰尼（Michael Polanyi）是最早对人的隐性认知做系统研究的科学家。具体到市场经济来说，每个人的需求既有显性的也有隐性的，而且后者的数目远大于前者。当消费者主动去寻找某个商品时，就是为了满足显性需求；如果一个广告触发了消费者的一个需求，但该需求并没有在他们的待办事项中，那就是隐性需求。感觉饿了想吃饭是显性需求，人们很少忘记；隐性需求对消费者来说并不一定不重要，那往往是一些低频需求，使用频率越低的需求数目越大，人们不可能把它们都在大脑中保持亢奋状态。只有在特定的场景下，某些隐性需求才被激活为显性需求。前文中我们把消费市场比喻为广义的婚配，也提到了谁主动，谁的获利就最大。商家有选择性地激活消费者的隐性需求，肯定是主动的一方，虽然消费者偶尔也能接受广告带来的交易，但如婚配问题中的结论，被动消费者的平均幸福指数是很低的。

在下一节中，智能助手会帮助消费者捕捉与梳理他们的隐性需求，在掌握了消费者庞大的隐性需求之后，它会主动向外寻觅，这就可以赋能于消费者，它们寻觅商品和其他需求的主动程度大大增强了。

在下一章读者将看到，把消费者的无数隐性需求转化为显性需求，会给消费市场带来革命性的变化，商品销售模式将由目前的推送变为拉取。

正如我们之前讨论的，仅靠商家自己获取消费者的精确数据，从而挖掘消费者隐性需求是很困难的。而前文介绍的某些网站采用有争议的策略去误导消费者，实属下策。

因此，商家往往会依靠信息中介来实施一个新的思路。比如，设计一个很酷的游戏邀请用户来玩，暗中观察他们的行为，从而获得隐性需求的线索。信息中介推出这个游戏，但是不向玩家收费，而是把玩家行为分析的报告卖给商家，甚至直接把可以看到玩家隐秘行为的窥视孔租给商家。通常而言，信息中介直接收集消费者的数据也是很难的，而用户的私密信息在玩游戏的时候会不经意地暴露出来。我们将这样的信息中介称为诱惑型中介，他们希望会有更多用户接受这些诱人的服务，从而无意中流露出他们的需求。诱惑型中介通常开始于一个实用的服务，希望借此吸引大量用户。而后期，他们会通过向付费商家提供用户的隐性需求来盈利。

近年来，数以千万计的形形色色的互联网创业公司，都可以称为诱惑型中介，它们都在琢磨如何有选择性地将人们的隐性需求转化为显性需求。广告是诱惑型中介唤醒消费者隐性需求的主要方式，大多数硅谷与国内火爆的创业公司的收入模式都是基于这种转化。2011 年，《纽约时报》在一篇题为《这个科技泡沫是不同的》（ *This Tech Bubble Is Different* ）的著名报道中指出：

> 对于一个对网络创业有奇想的人来说，变现

方式曾是显而易见的：获得大量访问者然后销售广告。自 2004 年以来，风险投资者已向 828 家网络初创公司投资了 51 亿美元，其中大部分是由广告支撑的。

事实上，广告代理的目的就是选择性地把消费者的隐性需求传化为显性需求，以符合其盈利目标。汤姆·斯塔福德（Tom Stafford）在其著作《心理和脑》[1]中说："科技公司将他们的整个盈利模式建立在模拟和操纵人类行为的能力上，这或许对心理学的影响更深远。"接下来我们剖析一些著名的例子。

对于很多人来说，谷歌的 Gmail 是一项必不可少的服务，用户用它来进行日常交流，而不需要付费。它从无数电子邮件的私密信息中获取用户的习惯与爱好，并以用户的偏好来匹配广告。试想一下，一个传统收发员或邮递员，他经常阅读这些信件来获知用户的个人品位和弱点，然后提供给付费商家。Gmail 及众多的国内邮箱提供商

---

[1] T. Stafford, M. Webb, Mind hacks (O'Reily, 2004).

就是这样的在线邮递员，它使用用户的私密数据来匹配商家的需求 [1]。

用户总是带着目的去谷歌或百度搜索，这个操作本身是个显性需求，但搜索巨头们可以找出与其相关的隐性需求，并把赞助商的广告推送给用户。类似的，诸如 Facebook 和微信等在线社交媒体让用户之间建立互相信任的关系，并通过监测他们之间的交流来寻找营销机会。Facebook 最近收购的工具 Atlas 就能在用户的 Facebook 账户处于开启状态时在计算机、智能手机和其他设备上跟踪用户，而大多数用户都会把账户保持开启以便收到实时更新的消息。在某种程度上，Facebook 用户的所有网络活动都会被实时跟踪，这远远超过那些只能在自己的地盘上监测用户的诱惑型中介。

---

[1] Gmail 有一套技术使得用户的隐私内容只有机器能够看到并分析，而 Gmail 的员工是不能看到的。尽管这原则上可以防止隐私的泄露，但是 Gmail 利用用户邮件内容进行精准广告匹配，依然在欧洲引起了很多地区抵制使用 Gmail。

除了以上的互联网巨头外，很多拥有大量用户行为的传统解决方案商，也可以转型为诱惑型中介。比如信用卡行业被少数几个全球巨头垄断，如万事达卡（Mastercard）、Visa以及美国运通卡（American Express）。他们的数据覆盖面比亚马逊等电商大得多，亚马逊只知道你在那里买了什么，信用卡发行商则知道你所有消费记录！当前的信用卡发卡商"躺着"收着信用卡年费，不屑于去挖掘用户的偏好，实际上后者是一个巨大的未被开发的利润空间，其价值远大于他们现在收取的那点年费。这一潜在价值正在等待创新者的发现，他们将从新魔饼中获得回报。移动支付则更加厉害，因为它允许商家获得更多的位置和时间等敏感数据。结合诱惑型中介和移动支付技术的新商业模式，将对消费市场产生深远的影响。

个人助理

与诱惑型中介正好相反，在新兴商业模式中，信息中介可以站在消费者一边，重点为个人消费者服务。这样一个专门的中介被称为个人助理（Personal Assistant, PA）。**我们预测，**

PA 在未来可能取代当前的很多中介，成为匹配消费者需求和商家产品（或服务）的主流商业模式。PA 原则上拥有全部访问权限，能够获得、抓取并储存消费者发出的所有个人信息碎片，因此它能够获取到的消费者的隐性需求，要比诱惑型中介通过各种擦边球方式偷偷摸摸窥得的一星半点的信息多得多。**与诱惑型中介形成鲜明对比的是，PA 不会利用消费者的弱点谋利，它的忠诚度是毋庸置疑的，消费者会欣然接受 PA 像一个贴心的个人助理那样掌管自己线上、线下的生活，满足他们商业与非商业的需求。**

　　每个人都有许多特殊的、偶尔的欲望和需求，这些需求一直在我们的头脑中，但是很多时候处于休眠状态，因为人脑无法让它们时时刻刻在我们今天的任务列表上处于亢奋状态。这可以看成是第 1 章中介绍的不对称性基本原理的一个重要扩展。与此同时，PA 拥有近乎无穷的记忆能力，或称存储空间，它可以保存很多东西，例如所有相关的地图、兴趣点、个人喜好、联系人和过去的经历，等等。PA 还可以保持海量数据处于亢奋状态——一旦环境条件匹配，相关的数据就可以立刻被激活。例如，路过某个地点时会激起你的一个特别的兴趣（拜访某位朋友，去古籍市场淘书……），但是如果不是在你的待办事项列表里的话，这种稀有的、偶发的事件便会被忽略了。PA 则会自动匹配场景，提醒主人可能的兴趣点，并且从它所管理的冗长的待办事项列表中，选出一些长尾中的低频事件以满足我们眼下场景的最合适需求。

作为 PA 的主人，我们显然不能同时做所有潜在的有趣的事情，也不能记录下所有发生过的事情，但是 PA 可以帮助我们记录和筛选。不论我们何时在网上搜索、浏览或者社交，PA 都能滴水不漏地观察我们并完善我们的需求肖像。它能够获取我们的健康数据，监控我们的饮食和运动，从而提醒和推荐一种更加适合我们的生活方式。

PA 的崛起得益于三大趋势的发展。首先是关于技术上的，硬件设备的发展使得数据的获取更容易更全面；其次是关于科学上的，强大的数据分析方法不断发展；最后是关于经济的，一个专一的 PA 会顺应不对称性基本原理。

第一，技术趋势：史无前例的数据采集。 从电脑到智能手机，再到很多可穿戴设备，获取信息的设备越来越容易使用。我们的 PA 控制着一系列的设备和传感器，它了解我们

大部分的行为、语音、社交和环境，而日趋易用的人机界面
能够让 PA 获取我们更多的显性需求或者发现更多的隐性需
求。实际上，我们的显性和隐性数据之间也没有明确的分界
线，因为隐性数据被触发就变成显性数据。我们并不需要通
过刻意地输入内容来"指导"PA，PA 会通过观察我们的行
为，自己琢磨出来的。可穿戴技术的发展，包括可以检测
我们运动和睡眠模式的 Fitbit 手环，可以理解我们手势的
Logbar 智能戒指，等等，它们将进一步提高 PA 的数据采集
能力。可以预见在不久的将来，来自语音、手势、心跳、肌
肤湿度等各方面的数据可以添加到包含我们日常生活和与外
界交流的数据中，构成一个前所未有的巨大数据库。PA 犹
如一个游戏规则的颠覆者，成为记录我们的所有信息，并和
我们一起管理我们的需求的值得信赖的伙伴，显然，PA 比
诱惑型中介能够发现更多更完备的高价值信息。

第二，科学趋势：理解并充分利用不断增长的大数据。
在台式电脑上，我们必须点击很多按钮来输入信息。现在贴
身的小设备已经没有这么多按钮了。数据获取对我们来说连
指头都不必动了，这看似的简单与省心是由后端更强大的计
算来支持的。最近在大数据和人工智能领域的科学发展可以

为 PA 提供巨大支持。具有强大人工智能的 PA 有两个作用：向内与向外。向内是指它注意主人的所有需求，并根据优先级别、场景、实施代价等，主动寻觅这些需求的满足。向外它就如同一个"守门人"，帮助主人把那些来自外部的无用与有害的海量信息过滤掉。人工智能将专注于我们显性和隐性知识之间的互动，未来专一的 PA 将会为人类服务并绝对服从，而不会像恐怖的科幻小说中所描绘的机器人那样替代和主宰人类。一个新的交叉科学将会专注于人与无处不在的设备之间的交互，并在隐性和显性知识之间的灰色地带中取得进展。

第三，经济学趋势：重心倾向于消费者。不对称性基本原理认为，经济增长最有效的方法是帮助消费者给商家施加更强的选择压力。这一理想在实施中遇到了各种障碍，障碍在于信息中介可以帮助消费者提升信息能力，但是不容易让消费者付费，因为消费者无法分辨众多信息中介的优劣。为了克服这个障碍，诱惑型中介才不得已推出各种擦边球手段，通过"出卖"消费者的信息从商家那里收费。而 PA 可以改变这一状况，因为它只为你服务，因此，PA 可以直接从你那里获得报酬，毕竟大多数人不惜为昂贵的智能终端埋单。**最诱人的未来收费方式可能是打赏：PA 作为智能助手会努力学习，PA 制造商可以调整学习进度来刺激主人对仆人的打赏！**如果这付款问题能够解决，PA 将会乘不对称性基本原理的东风。在我们冗长的隐性商业需求和社会联系列表中，PA 将根据需求的优先级寻找最合适我们的产品或服务。而如果这样的列表是在商家或者他们的代理手中，他们总选择那些最有利可图的。所以，**PA 的重心在消费者，它会给消费者带来远远超过诱惑型中介的体验。与此同时，商家也不会受到伤害，因为整体经济的增长会惠及所有人。**

最初，PA 可以从一些普通的任务开始。整理大量的个人记录就很有帮助，一个好的 PA 可以把我们的数据和需求统计起来。比如，一些社交网络已经可以提醒我们发送生日祝福或建议邀请客人。我们的 PA 比 Facebook 和微信更了解我们。它会过滤一些外部服务给出的意见或建议。对于我们半途而废的网上搜索，它可以不停地做一些修改和反复查询，我们通过方便的人机界面偶尔给出的认可和修正，极大地帮助它更好地实施任务。

现在可以在手机上安装的应用程序百万有余，每个都有各自的功能。实际上，2016 年苹果商店已经有超过 100

万个应用程序，它们让人想起早期互联网的数以百万计的分散网站缺乏连贯的图景。显然，任何人能够了解的APP都只是这百万应用中的沧海一粟。PA可以作为这些APP的总门户。我们只是给出一个任务列表，然后由我们的PA找到相关的应用程序。也就是说，PA可以是各种装置、计算设备和应用软件的指挥中心，早期的PA可以从智能手机开始，然后各式各样的可穿戴设备，如手环、戒指、眼镜等，就像PA的各种触角延伸出去。下一步，我们的PA可能会变得更加隐蔽和强大，到那时，智能手机会成为PA的前端界面，而PA的数据则存储在商业云中。

RESHAPING THE STRUCTURE OF
信息经济的力量 INFORMATION ECONOMY

中介大倒戈

即使在互联网市场服务应用最为发达的中国，家喻户晓的大牌，如BAT也是靠赚商家的钱，不冷不热地免费为消费者服务，仍属于诱惑型中介的范畴。当下最时髦的提法是大数据和人工智能，但是有个基本问题鲜有点破：大数据是更多地窥测消费者的需求来帮助商家推销呢，还是帮助消费者主动出击寻觅商品呢？就像一个律师，不可能既为原告诉讼，又为被告辩护，两边收钱。信息中介也必须二选一。对消费市场来说，BAT及其他大牌作为广义的信息中介平台，是拿谁的钱替谁办事。二线大牌猎豹移动的CEO傅盛就是人工智能的先行者，他把中国的先进技术移植到欧美成绩傲人。2017年初冬，他在雪球的采访中这样道出AI的真谛："有了AI以后，比如说今天有多少人到店，他们看过多少货架，我认为AI可以打通。这种人流和以前所谓的互联网流量不是一回事，但是今天，本质上都是在获取流量。猎豹以前在流量方面积累了大量的经验，也会非常有效。要通过AI获取流量，你其实最后还是要通过广告，通过这样的商业变现手段。"

先进的技术如果应用到相反的方向，武装PA，全面掌握消费者的数据，然后帮助消费者主动去选择商品及所有其他需求。这就是上一章所讨论的不对称性基本原理，真正的市场扩展方向是赋能于消费者主动性。如果能顺应这个历史潮流，哪怕是今天的一个二、三线中介平台，也有机会成为明天的蓝海霸主！

读者或许会不解，如果这真是无数企业家苦寻的无边蓝海，为什么中外一线大牌的中介平台还不抢占先机呢？这又回到了本章提到的"向消费者收取信息服务费用是一件异常困难的事情"这个问题。拿谁的钱替谁办事天经地义，中介平台绞尽脑汁打擦边球仍摆脱不了这个基本道理。那么，消费者真的能付费吗？能！互联网上不乏打赏付费的先例。比如知乎用户就自愿为好内容付费；又比如陌陌观众每年给直播主打赏的费用高达几十亿元人民币，有道是"红颜一笑值千金"。

BAT 并不是无动于衷，就拿天猫精灵做例子吧。2017 年推出的第一版天猫精灵就像一个忠实的 PA 为主人服务。问它天气情况、让它开灯等服务随叫随应。消费者花钱买了天猫精灵，为什么还得打赏？是的，简单的事情 PA 必须准确回答，拿捏一下索要小费肯定会被其他智能助手取代（比如猎豹的小雅，百度的小度……）。但如果让天猫精灵帮你选首歌可就不一样了。这不是像回答明星的生日那样简单。且不说天猫花了好几亿元人民币买了大量音乐版权，天猫精灵帮你选歌的空间大极了。如果你非常满意，就会打赏，鼓励它努力学习主人的爱好而更上一层楼。作为天猫精灵的提供方，阿里巴巴就可以大展人工智能的身手了。与其说天猫精灵学习，不如说是它的母公司在用世界最先进的计算能力去学习。如果顺应不对称性基本原理的 PA 落户天猫精灵，打赏的收益就可以与版权商分成，从而免去了事先的巨额版权费。当朋友们都有个精灵时，你的 PA 比我的 PA 学习得快、更聪明，那我的 PA 可不能落后！当你我的 PA 都加入社交圈后，这个蓝海真的是无边了。第一个下决心做消费者 PA 的提供商，他的收入肯定比帮助商家打擦边球多得多！

虽然你的个人助理只为你一个人服务，但同一个 PA 服务商可能服务于数以百万计的人。只有服务于多人才可以产生本章中的群集智能——用人群的数据更好地为个人服务。显然，个性化推荐也是 PA 的一个重要功能。

工业革命极大地提高了我们的身体机能，信息革命同样也会极大地扩展我们的脑力能力。虽然风险和机遇无处不在，但是我们不必惊慌，因为人类是技术的掌握者。对于那些拥抱人类与技术共同进化的下一波浪潮的创业者来说，前途是不可估量的！

RESHAPING

THE STRUCTURE OF
INFORMATION
ECONOMY

03

多样性

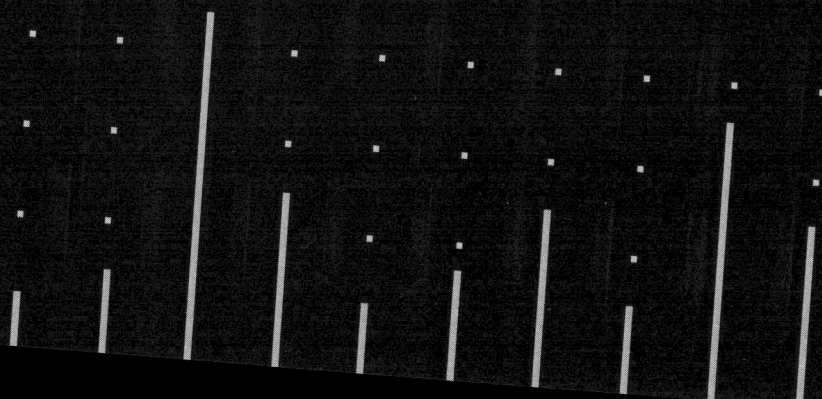

- 信息能力的提升是产品多样化的必要条件。也就是说，如果消费者的信息能力提升，就会有一种力量推动产品变得多样化，如果经济和市场条件具备，那么产品很可能会趋于多样化。另外，信息中介所提供的信息匹配的能力，在产品多样化进程中也扮演了非常重要的角色。

- 推动模式驱动着效率浪潮，而拉动模式则力挺多样性浪潮。如果前者占上风，商家会竞争谁有更高的生产效率，"如何生产"将是主要目标；如果后者获胜，商家则会紧盯消费者的注意力，"生产什么"将成为他们关注的焦点。

- 信息能力的提升可以唤醒消费者多样化需求的天性。因此，在信息能力提升这个持续推动力的作用下，多样性浪潮有望追上效率浪潮，甚至超过它。

"
消费者日益提升的总信息能力和因人而异的广泛
需求，将驱动商家生产新产品，从而提升产品的
多样性。"

多样性原理

作为消费者，我们只需要想象一下淘宝网上超过 10 亿
的单品，再回顾一下几十年前弥足珍贵的粮票、布票和自
行车票，就能够切身感受到短短几十年间，消费市场产品多
样性不断提高的趋势。实际上，这不是仅仅发生在中国的
例子。在整个世界范围内，随着经济的发展，产品的多样性
都在快速增长。

如果产品在消费市场中趋于多样化，那么是谁引领了这种多样化趋势呢？有两种不同的观点表面上看来都有道理。一种观点认为，消费者天生就喜欢追求多样化的东西，但是商家却无法完全满足他们的需求；另一种观点认为，商家总是通过不间断的营销活动把新东西强加给消费者。

读者将看到前者是正确答案，是消费者起着主导作用。

这可能会让人产生疑问：所有的多样化产品明明都是由企业连同商家生产的呀？事实上，商家花费了大量精力寻找新的商机，有时甚至冒着生存的危险涉足一些未经市场检验的产品领域，为的就是和竞争对手有所区分。因此，商家追求多样化是迫于竞争的压力。接下来，我们将看到消费者对产品多样化趋势的主导作用源于两个方面。

第一个驱动力来自消费者信息能力的提升。随着消费者信息能力的提升，企业面临的选择压力也日益增强。但是，消费者信息能力的不断提升并不能让消费者接近对产品的完美认识，而是促进产品种类越来越多样化。换句话说，信息能力提升的效果会被产品种类的增加抵消掉，花在每种产品上的信息能力永远是有限的。因此，随着时间的推移，虽然消费者对于所有产品的总信息能力会得到提升，但是，不断推出的新产品将使得平均信息能力在每个单一品种上可能难以提升。事实上，新产品蜂拥而至，平均单品信息能力可能在短时间内下滑，但如果在一段时间内鲜有新产品出现，平均单品信息能力会明显上升。正如我们在第 1 章中所探讨的，这种通过引入新产品，来冲抵消费者对单一产品信息能力增量的动力来源于商家，因为当消费者对于某些产品的信息能力提升到一定程度后，商家必须通过创新找到新蓝海，而这客观上推动了产品的多样性。

第二个驱动力来自消费者互不相同的广泛需求。消费者总是倾向于有更广泛的需求，而且这些需求因人而异。与之相反，商家的自然倾向是专注，因为这样效率更高。一般而言，如果商家找到了一种只适合 100 万消费者的产品，他们会试图通过一系列的市场推广活动，将这个产品强行推销给 1 000 万甚至更多的消费者。但是，总有具备足够实力或者创新基因的商家，会正面响应消费者多样性的需求，生产出创新性的产品。其中的一部分会生存下来，从而提升了产品集合的多样性。

有趣的是，多样化趋势是市场无意之果。消费者在商家以及信息中介的共同努力下，不知不觉就提升了个人的信息能力。每个人追求自己的偏好，也并不在意群体的新需求可能会愈发多样化。商家和消费者都在追求自己的利益，但是这种共同的追求必然会导致产品的多样化。在这个过程中，尽管商家竭尽全力而消费者漫不经心，但后者才是多样化趋势最本质的驱动者。

综合以上两点，我们提出多样性原理：**消费者日益提升的总信息能力和因人而异的广泛需求，将驱动商家生产新产品，从而提升产品的多样性**。实际上，一个多世纪以前，新古典学派创始人、著名经济学家阿尔弗雷德·马歇尔 [1]（Alfred Marshall）就说过："产品的多样化趋势是进步的一个主要原因。"

多样性原理的实验验证

一个原理不能仅仅是纸上谈兵，而应该经得起现实世界的检验。实验思路是这样的：创建一支学生

---

[1] [英] 阿尔弗雷德·马歇尔，《经济学原理》，章洞易缩译，北京：北京联合出版公司，2015。

团队，他们选择一些来自不同阶层的消费者（比如
1 000 位）作为实验对象。这支研究团队在一个时段
内，日夜帮助这些幸运的"小白鼠"按照他们的需求
寻觅商品，别人货比三家，他们货比百家。这些"小
白鼠"只需要向自己的专职联系人表达需要什么，研
究团队就会全力以赴为他们服务。当然，研究团队绝
不能拿商家的钱去忽悠人。

就像医学实验一样，超剂量喂小白鼠服用药物
才能取得显效。本实验就是要夸张地、人为地把消费
者的信息能力在短时间内大大提升，然后评估消费者
消费种类的数量有无增减。如果在这期间，"小白鼠"
的多样性与幸福指数明显上升，我们就可以认为多样
性原理的假设成立。虽然在真实社会中只有富商巨贾
才能享受这种服务，但本书正是在讲由于各种信息中
介的涌现，即便它们不是全心全意地普惠大众，也是
有一定普惠的信息能力提升的慢效果，只是这个多样
性增长的慢过程无处不在，难以实测。"温水中的青
蛙们"只有在数年或数十年之后，才惊呼多样性带来
的改变！

具体的实验可以专门关注某个群体，比如白领女
性、科技理工男或在校生等。这些实验对商家的决策

同样具有重要意义。有一点需要注意的是：这项实验
虽然耗资不菲，但绝不能白给"小白鼠"现金，此外，
还要把在试验阶段的收入增量抛开才有意义。

读者或许要问，人们的消费欲望永无止境，信息
能力带来的普惠，只是让我们垂涎无数可望而不可即
的商品吗？我们在下一本书中会看到，提升的信息能
力不仅刺激了消费者的需求，同时消费者的其他能力
也更容易被发掘，包括显性与隐性能力。如果是这样，
信息能力给经济的总效果就是真正的普惠了。我们的
需求与能力同时被激活，市场把它们联系起来，最终
信息能力的提升会是经济发展的强大动力！

在本节末尾，有两点要特别提醒读者注意。

首先，商家回避竞争并不总是能够带来真正的创新。
我们经常能看到一些换汤不换药的"创新"。例如，一种新
问世的药物可能只是具有相同活性剂的旧药物被贴上了新标
签——提升消费者信息能力，加上市场监督机构的管控，也
许能够限制这类滥用行为。超市货架上的几十种营养麦片的
品牌看起来似乎不同，但实际上很多成分都是大同小异，仅
仅是包装不一样而已。在所有新上架的产品中，只有一少部

分新品种是真正的创新，它们才有助于多样化趋势。

其次，多样性对许多人来说是欢迎的，但也有人抱怨。 就像巴里·施瓦茨（Barry Schwartz）在他的书《选择的悖论》①（*The Paradox of Choice*）中说的那样。施瓦茨觉得购物已经变得越来越复杂了，眼花缭乱的商品让他觉得沮丧。如果一个消费者的信息能力非常有限，而他的多样性需求不大，那么在五花八门的商品中他会感到不知所措。但如果你问一个懂行的时尚女子的话，她却总是抱怨市面上可选的服饰太少了。因此，选择任务应该与选择能力相匹配，当低下的信息能力与众多的产品类别严重不匹配时，人们会感到束手无策。当然，总的来说，我们的主流是欢迎多样性的，例如现在有数万亿计的网页和数百万首歌曲，但似乎没有人抱怨过"太多了，应该停止开发新网站和创作新歌曲"。

信息能力与多样性

多样化的最大瓶颈是有限的信息能力。提升消费者的

---

① [美]巴里·施瓦茨，《选择的悖论：用心理学解读人的经济行为》，梁嘉歆等译，湛庐文化策化，杭州：浙江人民出版社，2013。

信息能力就像提高一个放大镜的倍数一样，可以让我们看到更精确的细节，而要想将多样化的产品和多样化的需求相匹配，首先就需要看得更仔细。因此，**信息能力的提升是产品多样化的必要条件**。也就是说，如果消费者的信息能力提升，就会有一种力量推动产品变得多样化，如果经济和市场条件具备，那么产品很可能会趋于多样化。反过来讲，如果消费者信息能力不足，那么可以肯定，总体而言，商家是没有意愿生产多样的产品的，所以产品多样性会减弱。

除了消费者自身信息能力的提升是驱动产品多样化的力量之外，信息中介所提供的信息匹配的能力，在产品多样化进程中也扮演了非常重要的角色。麻省理工学院斯隆商学院的教授埃里克·冯·希普尔（Eric von Hippel）发现 [1]，在许多消费市场，人们往往找不到想要的东西，就会勉强接受一个凑合的商品。商家也很难确定消费者到底想要什么。很多时候，并不是生产不出可以满足部分消费者小众需求的产品，也不是消费者没有钱购买，而是消费者和产品的数量都太多，两者之间难以匹配。信息中介如果能够帮助消费者找到产品，或者帮助产品抵达消费者，那么多样化的需求和多

---

[1] E. von Hippel, Democratizing innovation (MIT Press, 2006, Chapter I).

样化的产品都不愁出路。

从消费者的感知来看，多样性可以分为两个层次，即个人的和社群的 [1]。单个消费者有他自己的消费记录，个人层面的多样性是看他自身购买的产品是否足够多样。社群多样性衡量的是人与人之间的差异，就是看消费者之间的消费记录是否很不一样。在极端的情况下，可能出现所有消费者个人层面的多样性都很高，但是每个消费者的购买记录相同，所以从社群层面看，多样性是很低的。反过来讲，也有可能不同消费者的购买记录都不相同，社群的多样性很高，但是A消费者只买张学友的CD，B消费者只买王菲的CD，C消费者只买李宗盛的CD……个体多样性却非常低。

下面我们简单分析三个大家熟悉的信息中介，分别是搜索引擎、推荐系统和团购网站。

《连线》杂志前任主编克里斯·安德森（Chris Anderson）认为，数字经济可以促进产品的多样化，特别地，他提出销

---

[1] T. Zhou, R. Su, R.-R. Liu, L.-L. Jiang, B.-H. Wang, Y.-C. Zhang, Accurate and diverse recommendations via eliminating redundant correlations, New Journal of Physics 11 (2009) 123008.

售中的长尾现象是产品多样性的一个标志[①]。埃里克·布林约尔松（Erik Brynjolfsson）等人也认为[②]，随着信息技术的发展，特别是当搜索引擎变得更加强大时，小众特色商品更容易被发现。很多深藏长尾的商品往往代表了消费者低频和隐性的需求，它们处于对信息能力的提升特别敏感的认知边缘，只有借助愈发强大的搜索引擎，这些长尾的商品才能被需要它们的消费者发现。

当一款新产品生产出来之后，如果没有任何一个消费者购买它，那么从消费市场的角度来看，这个产品并没有增加任何多样性。当然，仅有一个消费者可能也起不到太大作用，这里读者可以理解为，有一定数量的消费者购买才算是这个产品真正进入了消费市场。为了方便叙述，我们后面称这一小撮尝鲜者为"第一个消费者"。严格说来，只有第一个消费者才真正提高了多样性，因为他们给消费市场注入了新的商品来防止系统的多样性退化。对于这些敢于尝鲜的勇士来说，搜索引擎是一个很好的工具，可以帮助他们找到那些冷门小众的商品。因此，搜索引擎帮助消费者提高了个人购买

[①] C. Anderson, The long tail: why the future of business is selling less of more (Hachette Books, 2008).

[②] E. Brynjolfsson, Y. J. Hu, M. D. Smith, The longer tail: the changing shape of amazon's sales distribution curve, SSRN: 1679991.

商品的多样性，而且帮助一些冷门的商品进入消费市场中。但与此同时，目前几乎所有主流的搜索引擎算法[1]，都会把流行性（即受欢迎程度，流量大小）看作一个主要因素。在内容相关的网页中，被其他人经常访问的网页会排在靠前的位置，而那些少有人问津的网页会排在很靠后的位置。因此，一个消费者比较容易通过搜索引擎找到一些自己没有买过的商品（毕竟个人消费者购买过的商品比起商品总量而言，只是沧海一粟），但是很难找到其他人都没有买过的商品，因为在绝大部分情况下，你能看到的网页已经有成千上万人看过了。从这个意义上讲，**搜索引擎实际上是众多用户投票的结果，也是主流需求的反映，所以它在增强消费者个体层面多样性的同时，会降低社群层面的多样性。**

推荐系统也是如此，表面上看起来会促进多样性，但是仔细审视后却发现并不总是如此。宾夕法尼亚大学的两名学者指出[2]，尽管推荐系统看起来可以帮助用户发现一些他们未曾购买过的产品，但是常见的推荐系统总体上会降低用

---

[1] L. Ermann, K. M. Frahm, D. L. Shepelyansky, Google matrix analysis of directed networks, Rev. Mod. Phys. 87 (2015) 1261.

[2] D. M. Fleder, K. Hosanagar, Recommender systems and their impact on sales diversity, In Proceedings of the 8th ACM conference on Electronic commerce (ACM Press, 2007, pp. 192-199).

户之间购买的差异，也就是降低社群层面的多样性。实际上，很多学者都已经注意到这个问题，例如，笔者就曾提出算法来同时提高推荐系统在个体层面和社群层面的多样性[①]。但是，目前工业界真正大范围使用的算法，都会减少人与人之间的差异，使他们的选择变得越来越相似。**尤其是集中在一个电子商务平台上购买，过度重复使用一个推荐系统，就会逐渐降低多样性，其效果就好比在其他场合下过度使用抗生素或化学肥料一样。**

团购网站的作用又不太一样。以团购鼻祖 Groupon.com 为例，假设它提供了一家位于芝加哥的比萨餐厅 5 折的团购优惠，并成功吸引了 100 名消费者某日集中来此午餐。这些消费者不在平时常去的地方吃午餐（显然，这些午餐的地点是不同的），而是在优惠券要求的时间聚集在这家餐厅，这使得多样性大幅降低。但是长期看来，在整个国家的角度上，Groupon 的作用则相反，因为它促进了长尾。越是不知名的商家越有更大的动机通过团购优惠，去 Groupon 上吸引新客户，并留住其中的一些回头客。每一次，Groupon 都从长尾深处推动提升了一个商家的销售量，在对很多不知名商家这

---

① T. Zhou, Z. Kuscsik, J.-G. Liu, M. Medo, J. Wakeling, Y.-C. Zhang, Solving the apparent diversity-accuracy dilemma of recommender systems, PNAS 107 (2010) 4511-4515.

样做之后，就会缩小知名商家和非知名商家之间销售量的差距，使得原来长尾薄的部分变厚，让原来的长尾越来越宽，这也就意味着多样性的提升。

尽管对我们明确列在待办事项列表中的项目（例如购物需求清单）进行评估已经很困难了，但这其实只是我们能够清楚感知的需求，这些需求在我们所有的需求中占比很小，只是冰山浮出海面的部分。**隐性需求才是消费者需求中更大的部分，这部分需求完全依赖于信息中介的匹配。**尽管信息中介对于多样性的作用是复杂的，但是我们有理由相信，上一章所介绍的个人助理（PA）能够帮助我们管理这些隐性需求，因为 PA 能够将很多低频的需求保持在随时可以唤醒的状态，有时其中的一小部分会匹配到真实的需求。与一般信息中介不同，不管在个体层面，还是在社群层面，PA 都会提高多样性。

推动模式 vs 拉动模式

多样性原理认为，产品在消费市场中将越来越多样化，而在此趋势中，消费者起着主导作用。在本节中，我们将讨论消费者是如何发挥作用的。如果消费者主动找到一个产品，我们就称之为"拉"；反之，如果是商家向消费者推销产品，则是"推"。如果可以的话，商家总想把产品推销给每个消费者；而消费者都有各自的偏好，他们很少同时寻找完全相同的产品。**推动模式旨在提高效率，而拉动模式则促进了多样性的提高。我们可以把当前的多样性趋势归因于从流行的推动模式到新生的拉动模式的转变。**

如果有一种消费品是人人都想要而且都买得起的，那么无论是推动还是拉动都会得到相同的结果，即商家会提高产量，大家都会获得满足。然而现实中总会有很多选择，消费者都会按照自己的偏好来排序，而商家的排序则是哪款产品利润高就把哪款排在前面。就像第 1 章的婚配模型一样，**一方面，通过拉动模式，消费者会从自己的首选产品开始主动寻找。另一方面，通过推动模式，生产商则按利润标准来推出产品。**消费者的首选往往不会是商家的首选；反之亦然，商家最喜欢的产品未必是消费者最满意的。所以，消费者对可接受商品的排序和商家想要推的排序是不一致的。

如果拉动模式占据上风，交易更可能发生在消费者的接近首选之中。因为生产商更容易发掘自己的潜能，从那些目前不是利润排序首选项的若干产品中发现利润。事实上,长远来看,如果消费者的首选偏好得到满足,那他们的满意度(又称幸福指数)会带来更多的购买,从而给商家持续的利益。由于不同消费者的首选受个人偏好影响,如果拉动模式占据上风,那么自然地,"拉"来的商品也更加多样化。

那么,拉动模式是否能够占据上风呢?我们的答案是"是"!当然,这也不仅仅是我们的一家之言。2012 年,硅谷著名顾问兼作家约翰·哈格尔三世(John Hagel III)及其同事已经观察到,信息内容也正在从推向拉转变 [①]。下面,我们来讲讲为什么拉动模式能够占据上风。

根据第 1 章提到的不对称性基本原理,商家比消费者有更大的灵活性和动力来重新调整自己的偏好,因此对商家施加选择压力更有效。所以,如果商家能够知晓消费者个性化的需求,也就是说他们想拉动什么样的产品,商家就能够作出响应。事实上,随着信息技术的发展,商家掌握消费者个性化需求的能力大幅度提升了,其根本原因可以归纳为以下两个方面。

---

① J. Hagel III, J. S. Brown, L. Davison, The power of pull (Basic Books, 2012).

第一，消费者越来越多地表达自己的偏好。自从有市场以来，生产商和营销人员总是向消费者推销产品。而在信息时代以前，消费者是没有动力、也不在乎主动表达他的个性化需求的。因为表达这个需求本身不会有什么大的影响（你最多能够向少数几个商家描述自己想要拉动的产品，而这些商家在整个市场中占比很小，也就是说一个消费者在市场上的声音太小），也不会带来实质性的效果（如果你想要一个定制产品，很少有商家愿意为你单独生产，除非你出得起高昂的价格）。但是在信息时代，我们拉的行为多半会委托给第三方去做，例如个人助理和其他中介会了解我们的需求，代我们去四处寻觅。而且我们在搜索引擎和电商平台上留下的搜索和浏览记录，甚至是社交媒体上的发言，也会泄露我们的个性化需求。这个需求的声音是可以通过累积而对市场产生影响的，这在没有信息中介平台的时代是不可想象的。

第二，商家拥有更好的智能化工具去挖掘消费者的需求。以往商家要预知消费者的新需求，特别是隐性需求，只能通过调查问卷的形式去获取，不但消耗的成本高，而且得到的样本量也小，因此，即便是全球顶尖的商家也可能犯错误。福特汽车公司曾经考虑为当时流行的皮卡汽车加一扇门，但当问到消费者是否乐意见到这一创新后却被拒绝了。通用汽车公司则没有问消费者的意愿，而是通过研究人们开皮卡的习惯得出"加一扇门将会受到消费者欢迎"的推断。这种创新设计最终被证明是正确的，福特后来也加了这扇门，但这一拖延造成了大约 10 亿美金的损失。因为消费者无法表达其隐性需求，只有亲临适当的场景，他们才明白什么是自己真正想要的。但是现在消费者在各个平台留下了大量的数据，商家可以获取并利用这些零散的数据，获得更准确的预测。类似于消费者的信息能力，我们也可以把商家解读消费者需求的能力称为"商业智能"（Business Intelligence, BI）。

信息能力和商业智能之间有很多相似之处，但与消费者不同的是，商家之间还存在着竞争，他们竞争的不仅是效率和成本，还要看谁能更早、更快地发现消费者的偏好变化。如果商家根本不做前瞻预判，那么可能只有一少部分产品碰巧符合消费者需求。无论消费者信息能力有多强，商品必须是生产在先销售在后。于是商业智能的缺陷造成的随机生产将导致巨大的浪费，相应的企业也会面临失败的风险。现在走在技术前沿的商家利用先进的商业智能工具，能够充分发掘消费者的隐性需求并经常对产品作出调整。

拉动模式的兴起把商家的焦点从"如何生产"转向"生产什么"，后者需要商业智能或预测能力，而前者则不用。能适应"拉"的商家具有从消费者零散数据中发现消费者"拉动型需求"的能力，他们强调生产的灵活性，可以针对较小的消费群体进行快速响应，并通过重新定位产品线（颠覆性地）或作出修改（增量地）来调整产品以适应消费者的需求。

由推到拉的历史大逆转

自从商品市场出现以来，从来都是商家有了产品，然后推销给消费者。尽管他们处心积虑地猜后者的喜好，"推"是主流模式这一点毋庸置疑。前两章我们强调不对称性基本原理，指出只有消费者被赋能主动性之后，才能提高幸福指数，消费幸福指数越高，魔饼就会越多越大。该原理并不是忽略了商家的幸福指数，也就是利润，而是供方的可塑性要比需方的可塑性大得多。商家不太幸福的选项，即利润少，只要产品的需求量大，他们仍可以赚大钱，尤其是那些精于进取，勇于革新的企业。

消费模式真的能由推转拉，实现本书期待的历史大逆转吗？ 如果是，有哪些指标呢？一些营销的先行者纷纷预言这个大逆转。先看一下内容消费模式，推与拉的区别很明显。比如，你打开电视看下一集电视剧，这个内容是推来的。如果是你自己下载了该剧的视频，然后在方便的时候看，内容就是拉来的。但是，主动拉的前提是你已经知道那个剧的存在而且感兴趣。被动看电视或许也能碰到一个喜欢的剧，但根据广义婚配模型的启示，推送并且被接受的内容，其平均幸福指数比拉来的内容要低。

更深层次的推与拉之争不止于此。电视剧创作本身也是推。制片人与导演也在尽其所能地迎合观众的爱好，但本质上，还是与当下消费市场的生产模式一样，是推。拉的模式深入到内容产生阶段其实已经有先例了。芬兰有一家剧院，让观众参与决定下一集的剧情走向；纽约的一家报社让读者实时评价文章的编辑与排版。这都是未来深拉模式的雏形！商品生产也类似，深拉意味着消费者能直接把意愿送到生产商的设计室里，减少了商家自己臆测与推送的风险与必要性。

当下的市场是推拉并存，你中有我，我中有你。比如你去淘宝网买衣服，选来选去终于下单了。这个交易看似是拉模式促成的，其实淘宝网与卖家的推起了很大的作用。谁都知道，在淘宝网上卖货，流量对谁倾斜是最重要的，虽然有数以百万计的衣物可供选择，但排序靠前的商品无疑更容易被消费者拉到。商家不惜重金抢买关键词，成就了阿里巴巴富可敌国的霸业。

前文提到，如果天猫精灵有"微信敢灭QQ"那种壮士断腕的决心，它作为PA，在帮助消费者选货时，就可以不再选择那个花重金买眼球的商家了，而是用AI去甄别，哪款商品更适合自己的主人。的确，这种全面忠于消费者的服务行为，会损害甚至折断淘宝天猫的摇钱树，但随着商品多样性与消费者幸福指数的与日俱增，得益者的付费打赏会来自消费者。PA提供商将失此得彼，随着拉模式的深入，PA供应商的利益将远超旧模式带来的利益。一旦拉模式到达一定比例，这个大趋势就会让消费者明显感受到推拉的区别，进而迫使那些仍然做擦边球生意的传统信息中介平台抛弃推，恶补拉，即使他们拥有最先进的AI技术。拉模式的时代即将开启，人们在数年之内将看到这一历史性的转折。

"适拉"型商家可能会预测到连消费者自己都不知道的隐性需求，因此他们生产的新产品是消费者从未明确要求过的，这不又回到推动模式了吗？但细看会发现，这往往是那些对消费者的真实需求有着深刻洞察力的企业通过辛勤的 BI 工作带来的结果，是对消费者"拉"的行为的一种响应。从这个意义上讲，"适拉"型商家貌似推动的行为其实是变相的拉动，而预测是"泛拉"模式的一个重要组成部分。

2015 年，营销大师赛斯·高汀（Seth Godin）曾说："为你的客户生产产品远比为你的产品找到客户更有效率。"凯文·凯利（Kevin Kelly）早些时候在他的著作《新经济，新规则》中表达了相同的观点 ①，他认为"在未来，找对下一件要做的事情远比完善眼下的事情要好得多"。市场领袖菲利普·科特勒（Philip Kotler）也有不朽妙语："优秀的企业满足需求，伟大的企业创造需求。"试想一下，十年前我们真的渴望苹果手机与微信吗？这三句话对于想在信息经济中弄潮的企业家来说，无疑都是重要的座右铭。

---

① K. Kelly, New rules for the new economy: 10 radical strategies for a connected world (Viking Adult, 1998).

效率浪潮 vs 多样性浪潮

阿尔文·托夫勒（Alvin Toffler）在他的知名著作《第三次浪潮》（*The Third Wave*）[1]中提到，我们的社会经历了从工业时代到信息时代的巨大转变——他把这种巨变喻为浪潮。借用托夫勒这个形象的比喻，在消费市场中也有两股浪潮在角力：**推动模式驱动着效率浪潮，而拉动模式则力挺多样性浪潮。如果前者占上风，商家会竞争谁有更高的生产效率，"如何生产"将是主要目标；如果后者获胜，商家则会紧盯消费者的注意力，"生产什么"将成为他们关注的焦点。**

毋庸置疑，大规模生产的效率是现代经济的基础。例如，工业化的耕作改变了农业，才使得美国仅用占人口数2%左右的农民养活了整个国家，还有剩余农产品并出口其他国家。在过去的一个世纪里，技术对效率浪潮作出了很大贡献，但这往往以牺牲产品的多样性为代价。实际上，我们今天能看到琳琅满目的产品，是因为人们天生的多样性倾向还没有被效率的浪潮完全抑制。如果消费者没有坚持他们的多样性诉求，并像著名经济学家约翰·肯尼斯·加尔布雷思（John

---

[1] A. Toffler, The third wave (Bantam Books, 1980).

Kenneth Galbraith）曾担心的那样可以任人摆布，那么世界
早在很久以前就已经被少数标准产品主宰了[①]。

　　当然，即便受到了多样性浪潮的冲击，大规模生产的
效率优势依然在消费市场中发挥着重要作用。例如，沃尔玛
以极低的进货价来逼迫生产者大规模生产。当价格压力较高
时，产品局部和细微的特征不会受到重视，消费者个性化需
求（包装、外形、口味、环保……）也不会被特别考虑。泰
德·C. 费晓闻（Ted C. Fishman）曾批评沃尔玛在鱼类贸易
中总是一味追求效率，而忽略了很多重要因素，甚至包括产
地的污染和排入太平洋的有毒污泥等[②]。在丹·凯佩尔（Dan
Koeppel）的书中也讲到了类似的关于跨国公司香蕉生产的
糗事[③]。

　　将餐馆连锁成一个品牌是一种提高效率的绝佳方式，
加盟店都采用品牌规定的标准化菜单。比如麦当劳，它在世
界各地每天推出无数个相同的汉堡而不管当地的文化传统如

---

① J. K. Galbraith, The a ffluent society (Houghton Mifflin, 1958).

② T. C. Fishman, The Wal-Mart effect: how the world's most powerful company really works (Penguin Books, 2006).

③ D. Koeppel, Banana: the fate of the fruit that changed the world (Plume, 2008).

何，事实上，这类连锁巨头的存在使得很多具有独特风味的本地化餐厅都难以为继。对于一个旅行者好处不言而喻，一踏入千里之外的另一家连锁餐厅时，他就清楚地知道自己可以点什么，也知道大概是什么份量和味道——对于很多以吃饱为主要目的的食客而言，这种选择太方便不过了。

意大利风味的橄榄花园餐厅（Olive Garden）在美国有数百家连锁店。这个品牌的食物往往被认为口味贫乏。一般而言，这类大型连锁店的口味都会趋于平庸，风味和特色很少出现，也就是降低了多样性，因为几乎没有什么口味是人人都爱的。比如，大蒜是意大利美食的重要成分，但并不是每个人都喜欢这种气味，于是橄榄花园餐厅几乎都不用生蒜。实际上，在不受欢迎和受欢迎的特色之间也存在不对称性，人们对于不喜欢的东西比大多数人抱怨没有什么东西来说，反应更强烈。比如大蒜，对于喜欢大蒜的人来说，如果餐厅没有大蒜他们也不会怎么样，但对于不喜欢的人来说，如果给他摆在餐桌上，他肯定大吼"快拿走！"这也是为什么橄榄花园餐厅在大部分菜中都不用蒜的原因。如果商家无法确定个人口味，那么唯一的选择就是避免有争议的特色，而事实上没人反对的特色都是少数的，这就会导致平淡无奇。

类似地，在全国各地风靡一时的火锅连锁店"海底捞"，最早起源于四川，但是在四川根本没有立足之地。这是因为海底捞做了很多适应最广泛用户的"改良"，比如，减少使用重庆火锅中厚重的牛油和成都火锅中的麻味，这样改良后的火锅变得平庸，于是失去了在火锅之乡——川渝的立足之地，却得到了更大的国内市场。要知道，四川和重庆的消费者对于火锅的信息能力更强，因此火锅店必须提供更具多样性的锅底和菜品，以符合川渝消费者更个性化的要求，例如有些川渝火锅中常见的食材在其他地方是少有的。

尽管效率浪潮依然汹涌，但长期的趋势表明，多样性浪潮势不可当。最近的迹象显示[1]，多样性的长尾特征变得

---

[1] B. Tedeschi, Small merchants gain large presence on web (New York Times, Dec. 3, 2007).

更加明显，许许多多小商户作为一个整体在互联网上占据了半壁江山。例如借助欧美的 Yelp 和中国的大众点评网等信息中介的帮助，很多独立小餐馆挤走了连锁餐厅，这说明信息能力的提升可以击退效率浪潮。又比如最近十几年，中国的内容消费者看电视（推内容）的时间减少了一半以上，而上网（拉内容）的时间增加了不止一倍。前者是典型的推动模式，而后者是典型的拉动模式。显然对内容多样性而言，前者降低而后者促进。

商家往往在两种浪潮之间徘徊。有的商家倾向于远离竞争对手去探索新商机，另一些商家则喜欢深耕成熟产品以提高效率并据此与对手竞争。前者努力寻找如何能有所不同，而后者则放弃危险的新事物去追赶主流。前者有时会通过颠覆商业模式威胁到后者的主导地位，而后者可能会扼杀创新者。多样性和效率之间的斗争可以转化为创新型企业和竞争型企业之间的搏杀。这个漫长而艰难的过程显然是单向的，正如不对称性基本原理所认为的，效率浪潮的任何胜利都只是暂时的，最终多样性浪潮将会获胜。营销大师已经看到了这两大浪潮的对抗最终必然以多样性取胜而告终，比如杰克·特劳特（Jack Trout）就在他的畅销书《与众不同》[①]中

---

① J. Trout, Differentiate or die: survival in our era of killer competition (Wiely, 2001).

哀嚎道：“不迎合多样性就只有死路一条。”

信息能力的提升可以唤醒消费者多样化需求的天性。因此，在信息能力提升这个持续推动力的作用下，多样性浪潮有望追上效率浪潮，甚至超过它。托夫勒半个世纪前就预言，多样性浪潮将给经济和社会带来历史性变革。我们认为，其中一个很重要的变化就是个性化。事实上，本书的作者之一认为未来的商业将围绕个性化展开 [①]。或许我们距离社会学鼻祖埃米尔·涂尔干（Emile Durkheim）曾经梦想的个人的时代（*The Age of the Individual*）已经不远了。

Apple vs apple

在考虑多样性浪潮的时候，我们必须区分两类产品：人造产品和天然产品。例如苹果手机（Apple）就属于人造产品，而我们平时吃的苹果（apple）则属于天然产品。

假设在苹果商店里，每台 iPad 都和其他的稍有不同，

[①] 苏萌，柏林森，周涛，《个性化：商业的未来》，北京：机械工业出版社，2012。

那么我们就会怀疑它们的质量。因为对于 iPad、汽车之类的人造产品——它们都属 Apple 类，同一型号稍有变动就说明做工不佳。质量管理大师 W. 爱德华兹·戴明（W. Edwards Deming）就曾说过寓意深刻的妙语："随意的变化是质量之敌！"

但如果是吃的苹果，自家种的长相各异的丑苹果，要比那些形状和颜色都差不多的漂亮苹果更吸引顾客。自然生长的果蔬有更丰富的组成成分，因此自家种的水果往往是不规则的。我们喜欢这样的苹果，并不是因为某些特定的形状或颜色正好合我们的偏好，而是因为那些歪歪扭扭的苹果无声地显示，它们没有受到工业化的无情践踏。这种不被干扰的果蔬有着自然的生长趋势，使得他们都是不一样的，而商店里完美无瑕的西红柿往往是化学强暴处理的结果。

如果你问一个从事"复杂性科学"研究的学者"Apple和 apple 谁更复杂"，他的答案多半是后者。事实上，像苹果手机、汽车甚至歼-20 战斗机这样的人造物品都可以认为是简单的，而苹果、香蕉相比而言则更复杂。区分它们的标准是什么呢？人造产品有明确的生产目的，而生物特征大多是不可操纵的，我们可能会需要它们但并不完全了解它们。

一架歼-20战斗机有数百万零件，其中每一件都必须按照其作用和整体功能进行规划，设计师对它们所有的构成和功能都了如指掌。另一方面，我们不能说香蕉仅仅提供糖分、矿物质和维生素。尽管其中任何一种成分都可以廉价、海量地生产出来，但这并不意味着我们把这些东西混合到一起就得到了一根香蕉——单纯整合各种成分并不能代替自然的整体。实际上即便只是一根香蕉，有些质量也是无法量化的。在我们看来，一杯葡萄酒也要比iPad复杂——我们对后者了解的程度也要高于前者。也正是这个原因，社会中才会有像罗伯特·帕克（Robert Parker）这样的品酒大师，否则，找一群化学家或他们的学生就足够了。

　　为跨国贸易种植的香蕉有着严格的分级，只有无瑕疵的才能被出口。而现代化农业追求效率，在很大的农场中通过机械化的助力种植同样品种的香蕉。要知道，在一望无际的田野上，如果种相同品种的作物会更容易遭受病虫灾（《今日头条》2017年10月8日发出了惊人的消息："你知道吗？我们也许再也吃不到香蕉了！"），而较小地块的传统多样化作物则更具抵抗力。为了抵御病虫害，现代种植园往往依赖大量的杀虫药和除菌剂生产"完美"香蕉 ①。现代农业除了考虑高效率的种植，还要考虑高效率的收割和销售，前者关注苹果树的形态，后者则关注苹果保持新鲜的时间和美观程度。简·雅各布斯（Jane Jacobs）在《财富之城》一书中写到 ②，在她的故乡加拿大多伦多城，水果摊中的苹果种类从 18 种减少到了 3 种，而这 3 种都是比较适合大规模收割和销售的。看来，数千年的自然选择现在必须让位给经济效率的要求了！

在现代禽养场，鸡的颜色和大小都差不多，大量抗生素让它们在拥挤的地方得以存活，持久的光照让它们不知昼夜一直在进食。对于家禽业来说，鸡只有蛋白质有价值，它们的羽毛经济价值很小，甚至还浪费营养。于是，为提升效率的创新导致了小脚、尖翅、短喙的无羽毛鸡的养殖——短喙是为了让它们不会在拥挤的空间中互

---

① C. Canine, Building a better banana (Smithsonian Magazine, October, 2005).
② J. Jacobs, The economy of cities (Vintage, 1970).

相啄伤。也许在商人和科学家合伙人心目中，鸡最好可以直接变成一个带有食物管的肉团（当然，这个肉团要有鸡肉味），从而在饲料转化为肉类上实现更高的效率[1]。

我们在前文中讨论的，是针对消费市场一般性产品的效率与多样性之争。这种争斗，靠经济本身的规律就可以了，读者不用太过担心。但是生物产品不一样，过度追求效率和标准化可能会带来自然界多样性的破坏。工程师们可以肆无忌惮地追求电子、汽车、空间技术和能源的研究与创新，但生物学家必须警惕不要让自然受到无法弥补的伤害。如果桥梁工程师建的桥塌了，他们会从失败中学习并重建。但环境科学家和生物工程师则面临着更高的要求，因为环境与生态的游戏往往只能玩一次而无法重启。

对于人造产品来说，世界上只要有数十家汽车制造商和少数飞机制造商就可以保持良性竞争。然而，我们想要保存着所有7 000种玉米、1 200种香蕉和数百种野马的多样的物种。假设未来的鞋类生产仅由几个全球品牌主导，那每当

---

[1] E. Young, Featherless chicken creates a flap (New Scientist, May 21, 2002).

需要提高多样性时，工匠们通过查阅档案就可以轻松地重拾旧业，但生物多样性不同，物种一旦失去将会永远消失。人造产品可以被详细地记录下来，而物种却不能再现。重现一个物种的方法只有一种，那就是小心保存它。

现在，已经有一些民间组织致力于保护物种多样性，例如种子储蓄银行 ①。一些前沿企业，例如华大基因，开始探索一些以前难以想象的复兴事业，比如复活猛犸象。当然，生物多样性和生物安全日益受到人们的关注，对待生物界，我们需要的是比技术界更加虔诚的态度。事实上，我们不能仅仅用人类眼前的认知与需要去评判、改造甚至摧毁数百万年自然选择的结果。

生物多样性本身具有重大价值，需要我们保护，这种保护不同于对某种特定生物的偏爱，更不应该受这种偏爱的影响。例如中国人把熊猫视为国家的象征，所以大熊猫得到了很好的保护；又比如鲸鱼的优雅体态足以让众多游客流连忘返。但是还有更多面目狰狞、体臭无比而且浑身一无是处的生灵，它们存在的价值也不可忽视，我们也必须保护它们的多样性。

---

① www.seedsavers.org

成本效益专家和统计学家只知道玩弄数字，他们的第一假设就是人类了解生物的价值，在很大程度上是指它们的肉、骨头、皮毛的价值，但生物学家却不这么乐观。美国科学院院士戴维·希利斯（David Hillis）指出，地球上仅有不到10%的物种已被统计与描述了，因此，很多生物的生生死死都不在我们注视的范围内。对于成本效益专家和统计学家而言，物种如果不能转化为商品，则在他们的方程中价值为零，任何的神奇定价公式也无法给出未来的价值。生物学家（例如希利斯）则认为，我们没有权利为了当前的经济效益毁掉任何物种，而是要对远未为人知的浩瀚大自然有足够的敬畏与可能的保护，并为后代留下充足的原始自然资源①。

除了生物多样性以外，还有一些多样性需要我们努力去保护，而不能仅仅考虑经济效率。例如，语言如果只用来交流，那世界上只用一种语言就好了，效率最高。但语言的多样性，特别是边缘语种的存在，是人类发展征程中最宝贵的记录，也是人类文化最重要的载体。全世界大约有几千种语言（不包括中国），与此对应，悲惨的现状却是每两周就

---

① D. Hillis, Internet helps write the book of life (BBC News, January 9, 2003)

会有一种语言消亡 ①, 而直到最近, 人们才开始采取措施来挽救 "低效" 或者 "边缘" 的语言。

综上所述, 我们认为经济可以蓬勃发展但不能恣意妄为。效率和多样性共同驱动经济增长, 两者同时也在相互竞争。除了市场自发的竞争, 在面对生物、文化、环境等问题的时候, 我们还需要在经济价值之上添加更多的尊重和敬畏, 以及经济价值之外的价值诉求。

---

① K. D. Harrison, When languages die: the extinction of the world's languages and the erosion of human knowledge (Oxford University Press, 2008).

RESHAPING

THE STRUCTURE OF

INFORMATION

ECONOMY

04

金融市场

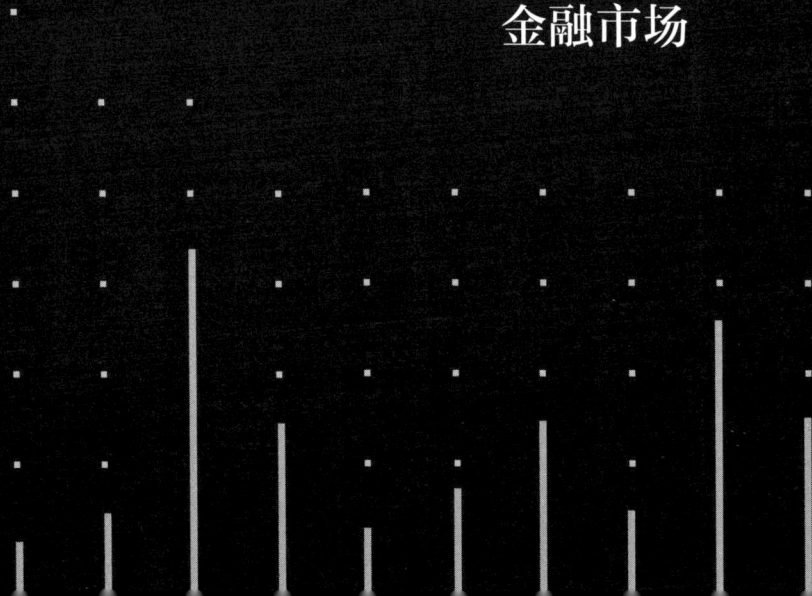

RESHAPING

- 在真实的市场中，基本面和认知同样重要，它们以难以量化的方式相互影响着，我们在考虑一只股票的价值或者基本面的时候，必须要把对这只股票的认知（部分表现为当前的价格）考虑在内，换句话说，认知也是一种现实，而不仅仅是对现实的判断和反映。

- 如果信息能力超过一个阈值，你就应该相信自己的理解，只投资你了解的；在低于这个阈值的情况下，混合策略其实是最好的，略微重仓熟悉的股票，其余则投入指数基金中。

- 金融市场可以而且必须采取预防措施，在系统性风险累积到引发全球经济崩盘之前，频繁惩罚粗心大意甚至心怀不轨的金融肇事者。

THE STRUCTURE OF
INFORMATION ECONOMY

> "
> 好的金融市场可以使企业和投资者之间的共栖关
> 系更多更强，资本供需双方业务量更大，这又会
> 推动经济的增长。"

信息复杂性

信息在金融市场中所起的作用与在消费市场中有许多
相似的地方，但也有一些独特之处。比起消费市场，金融市
场更是良莠不齐，投资者往往看不见摸不着所投资的产品，
因为它们的质量更难确定。这种情况下准确的信息对于判断
更加重要。与此同时，金融产品要复杂得多 [1]，对于投资者理
解和运用信息能力的要求也高得多。

———————

[1] 杨春霞，周涛，《金融复杂性——实证与建模》，北京：科学出版社，
2013。

这些信息真的能够帮助我们进行正确的投资吗？真的有投资高手吗？主流经济学根本不承认有什么投资能力的存在。它告诉我们，投资者不可能战胜市场，那些少数赢家肯定是冒了不理性的风险，瞎猫碰上死耗子。诺贝尔经济学奖获得者保罗·克鲁格曼（Paul Krugman）的一篇散文，题目是《总会有个索罗斯》，清晰地道出主流学者对金融大鳄们的鄙视 [①]。克鲁格曼认为，既然有成千上万鲁莽瞎碰的投机者，总会冒出个别像乔治·索罗斯一样幸运的人。

《商业周刊》每年都要邀请 50 位知名经济学家预测来年的道琼斯指数。然而他们的预测结果却让人大跌眼镜——往往错得离谱，而且大多都在同一方向出错。这看起来似乎是印证了克鲁格曼的观点：没有什么真正正确的投资判断。但是，我们也可以从反方向进行解读。这些专家大都是大型投资银行的首席经济学家，与在金融市场中真正搏杀的交易者不同，他们很少交易，而主要依靠一张能说会道的嘴来忽悠人。对他们来说，输赢事小被同行褒贬事大，而这些同行往往又与他们出自同样的门第。

[①] P. Krugman, There'll always be a Soros (Fortune Magazine, March 30, 1998).

实际上，即便在运气成分很重的博弈游戏中（金融市场就是典型的具有高度不确定性，因此需要"运气"的地方），技巧也很重要。比如打扑克，一手好牌固然有帮助，但厉害的玩家可以更好地利用普通牌。与游戏相比，在金融市场中所需要面对的信息更加复杂，技术高超的玩家可以从众多竞争者中脱颖而出。索罗斯认为，理解人人都能看到的表面事实背后的相关性与内涵是赢得游戏和投资的关键，而这绝不是仅仅靠运气就能够完成的 [1]。

金融市场与整个经济密切相关。金融市场的信息很少是非好即坏的，理解它需要经济、技术、政治、社会和历史等综合知识。投资的最大挑战在于如何将不同的信息联系起来，从而比其他人更早地悟出它们的意义，并及时下手。对于投资者而言，除了获取信息之外，一个特别大的挑战就是，金融市场的信息具有远远超过消费市场信息的复杂性，具体表现在四个方面。

第一，金融信息来源多样且难以量化。 金融市场都是关于数字的，这似乎比消费市场更容易量化。然而股票价格

---

[1] G. Soros, Alchemy of Finance (Simon &. Schuster, 1987).

常会偏离公认理性的市盈率——很多情况下,任何个股特殊的原因是无法量化的,比如增长前景、专利诉讼、新CEO、长期合同等。正如大家所知,许多互联网公司只烧钱不盈利,按传统指标都被大大高估了,它们股价归因于难以量化的前景。暂且不提A股市场,看看明星美股特斯拉(Tesla)的股价就知道分析师的数据与投资者认知有多大差异了。我们把不计其数的大小事件统称为金融信息,其复杂性难以想象且难以被量化。一个投资高手往往是凭经验做定性的判断,而这种能力会被玩弄数字的学者们忽视。

第二,金融信息是高度动态的。举个例子,一级市场和二级市场的投资者,其投资的对象是公司。如果初创公司成长壮大了,早期投资者(天使投资者或风险投资者)可能会将其股权出售给新投资者。如果这家公司能逐步实现其愿景,那些新来的买家就仍然可以出售股权给更晚到的买家。与消费品不同,一家公司一直在发展变化中,其质量是动态的,因此对它的选择与评判一直要持续下去。

第三,突发信息可能带来不可估量的巨大影响。新闻和突发事件可以立即引起股价大涨大落,这种原始股价走势也会产生次级波动。单一事件也可能影响到整个行业甚至整个市场，而一个重要事件的影响通常要经过数月或数年时间才被金融市场彻底消化掉。例如 2008 年的次贷危机初期只波及几家银行。当耸人听闻的媒体疾呼"狼来了"的时候，大众心理受到影响，消费者推迟购买，于是全球经济和股市开始下跌，导致了重大的经济衰退。

第四，金融信息中充满了人为的陷阱。 金融市场中人为的陷阱比消费市场中的更为猖獗。受巨大利益的驱动，人们有动机去故意扭曲事实，篡改数据。像伯纳德·麦道夫（Bernard Madoff）一手炮制的庞氏骗局，再有能力的散户也无从察觉。此外，投资者不会得到同行投资者和专家的帮助，"信息是非竞争性的"说法在金融市场中并不如在消费市场中那么灵验。

总结起来，信息在金融市场中扮演着与消费市场中类似的角色，但是这个角色的重要性和复杂性都更大。除了获取准确信息的难度变得更大以外，利用这些信息作出决策也更加困难，因为与消费品相比，金融产品也更加复杂。首先，没有人购买金融产品作为最终消费，像一幅名画挂起来欣赏或者像一听可乐打开来喝掉。投资者买股票总是要再卖掉的，所以买家和卖家的角色经常转换，我们不能只站在一个消费者的角度考虑金融问题。其次，消费市场的不对称性基本原理在此也不再适用。在消费市场，如果一个产品受到青睐，商家可以快速加大消费品的生产，但在金融市场，当大家都蜂拥来买一只当红股时，再好的股也很快变得不值得买了，因为中间蕴含的风险会急剧放大。

认知与现实

就像消费品营销中充斥着各种卑鄙伎俩一样，我们也经常看到庄家费尽心思地操纵金融信息误导投资者。上市公司也是如此，他们总能找到市场监管的盲点，利用监管和法律的漏洞来发布各种利好信息，粉饰自己的经营现状。为什么他们这么热衷于表现盛世假象，难道不怕有"秋后算账"的那天吗？按照主流经济学的观点，股价应该紧密围绕企业的基本面，而各种信息诡计只能造成一时的波动，当尘埃落定时，真相会水落石出，而价格也会回归正常。自信的投资者，或者被主流经济学成功洗脑的信徒，总相信市场的力量终将在若干年后惩罚那些耍卑鄙伎俩的人。

事实真的如此吗？

我们认为并非如此！上帝之手并不是那样神奇，信息，包括虚假信息，以及基于信息所形成的误知，可以在金融市场中带来不可逆转的优势或者不可挽回的损失。这是因为金融市场具有一些自身的特殊性。

首先，金融市场所交易的是对未来前景的预期，所以认知在金融市场中比在消费市场中更重要。对于商品，消费者的误解可能影响销售，但无论是炒作（褒）还是抨击（贬），商品本身都不会受什么影响。艺术品价值完全是依赖于主观臆想吧？一幅被忽视的画作可能会在地下室积尘，但即使在几个世纪之后，它还能被发现与欣赏。但金融交易本来就是对于前景的预期，其中不确定的因素太多，也没有办法派一个人跑到未来去看正确的答案。所以，我们的判断会直接受到认知的影响，而且我们缺少有效的手段指出某些认知一定是虚假认知。反过来讲，如果有竞争对手搞出虚假谣言说某某品牌的桌子甲醛超标，生产厂家只需要委托国家质量监督检验检疫总局做一个检验就可以辟谣。实际上，如果把金融投资产品与实体商品做比较，对于桌子、皮鞋这样的实体商品，原则上讲，消费者和市场监督部门是能够判断其真实质量的，虽然需要花费一定的成本。但金融产品很少能被直接检查，其质量往往依赖于之前的统计数字和评估模型，而这些数字和模型本身的准确性和正确性都难以保障。

其次，时间对于金融产品的价值特别重要，所以认知偏差所带来的影响往往是不可逆转的。如前所述，一幅被忽视的画作可以历经几个世纪后被重新发现与欣赏。其他实物消费品，例如一张桌子，其内在质量的稳定性更强。因此，偏离现实的虚假认知对一张桌子所能够造成的伤害更是有限的，而且即便现在被误导，也很容易"沉冤得雪"。但是，**如果因为一个偏离现实的认知，使得某家创业公司得不到及时的资助，那它很可能会在短期内消失，再没有"重见天日"的一天。而一个虚张声势、外强中干的企业，可以通过提前抢占市场主导地位，成为细分行业第一家上市公司，从而压制更有价值的竞争对手。**这会导致行业中可能真正更好的企业，其优点还没有被及时发现，就被永远扼杀在摇篮里了。所以，先营造超出自身能力和水平的认知，再来弥补空白，这样的企业战略往往会胜过技高一筹但吼声不如人的踏实前行者。后者往往只能眼睁睁地看着有才华的员工流失，客户尽散，然后吞下失败的苦果。因为认知的偏差在金融市场中难以快速消除，而金融产品的时效性特别强，所以这种偏差会给投资机会带来不可逆转的伤害，正如金融界中流传甚广的一句谚语"金融真相稍纵即逝！"

最后，投资者的从众行为会放大认知偏差的影响，导致难以估量的金融风险。在《金融炼金术》一书中，乔治·索罗斯提出了反身性理论，表明投资者容易受到正负反馈的影响。其中，正反馈是一个自我强化的过程，参与者的观点将与客观事实相距越来越远；而负反馈是一个自我纠正的过程，参与者的观点与客观事实之间越拉越近。索罗斯认为，当出现价格波动后，投资者经常作出的不足或过激反应会带来次级波动，次级波动可能是由趋势逆转和趋势强化运动造成的。负反馈可以纠正前者，而对后者无奈。比如我们买股票时，为了安全起见会设置一个止损阈值，一旦触发便会引发连锁反应。而一些连锁反应是由人们的认知不足造成的。例如2008年次贷危机最初只影响了少数几家大银行，但当雷曼兄弟公司破产时，大家都开始谨慎起来并深度关注，之后形势急转直下，出现了波及全球的金融危机。在危机爆发之前，很少有人认识到这个危险，而当危机爆发之后，理性的判断也无法阻止风险的传播和扩大。当2009年迪拜债务违约危机爆发时，一开始在诸如硅谷的这些远方的投资者稳坐泰山。但那些在迪拜遭受损失的人，必须减少其多样化投资组合中的其他持股。聪明的投机人也预料到这样的抛售，并尽早卖空这些资产，这就使那些跟原发波动毫无干系的投资人也"躺着中枪"。

我们经常计算在金融市场崩盘期间内，有多少亿美元的市值瞬间蒸发了。可有谁见过大捆钞票被烧毁，以及涉及次贷危机的房子被拆掉了？如此来说，何谈巨大的损失呢？但是，金融市场中的大部分资本都建立在对未来的预期之上，在危机期间，悲观的人们慌不择退路，看好的投资也按兵不动了。由于资本市场和实体经济密切相关，因此基于认知的金融危机会拖累实体经济，使得好的标的也因为无法获得投资而陷入困境。

按照主流经济学的理解，一只股票的价格应该跟随这只股票的基本面。但大多数人没有意识到价格也能影响基本面。事实上，价格和基本面之间是相互影响的，错误的认知也可以让现实步入歧途。所以，股价不会围绕一个"均衡价值"而波动，价格变化和不断变化的基本面互相制约，共同演化。**假设在世界上，你是唯一知道一只股票真实价值的人，这可**

是一个巨大的利好呀。但如果没有人认同你，那也没什么用。大多数人的行为会另造与你最初的见解不同的现实。你原来认准的真实价值被多数人"绑架"走了。

主流经济学不把认知当回事，就好像所谓的基本面是唯一的决定性因素。有些人则走向另一个极端，他们认为金融市场全然被认知左右，就像在选美比赛中一样[①]。这两种理解都是片面的。在真实的市场中，基本面和认知同样重要，它们以难以量化的方式相互影响着，我们在考虑一只股票的价值或者基本面的时候，必须要把对这只股票的认知（部分表现为当前的价格）考虑在内，换句话说，认知也是一种现实，而不仅仅是对现实的判断和反映。巴菲特的价值投资策略旨在识别出相对更有潜力的股票，而不是试图预测股票价格。相对优势可能比所谓的"准确认知"更有用。你即使对基本面一无所知，但懂得利用其他投资人认知的弱点也可以获利。正如索罗斯在《金融炼金术》一书中所说："在盲人国里，独眼龙也可以称王。"

---

① J. M. Keynes, The general theory of employment, interest and money (Macmillan, 1936).

共栖关系

在消费市场上，商家和消费者可以双赢，所以谓之魔饼。金融市场中的交易显然是不同的，买方的收益正好是卖方的损失；反之亦然。这样看起来，金融市场更像一个赌场，里面玩的是零和游戏。既然有那么多金融机构和金融精英人士赚得盆丰钵满，那么他们赚到的钱是不是都是炒股的散户们贡献的呢？如果金融市场就是一个精英从老百姓手上赚钱的通道，那么，整个金融行业就没有存在的道理了，政府更不会容许这种劫贫济富的行为。你既不产粮也不盖房还拿钱最多，这岂不是最大的寄生虫吗？因此，当金融大鳄的贪婪行为给世界经济造成严重后果时，人们的愤怒是在情理之中的。媒体给他们贴上各种各样的标签，比如赌棍、寄生虫，甚至是嚣张的歹徒，没有一个是体面的角色。

在华尔街，成千上万的金融精英夜以继日地深扒细选信息，任何微不足道的线索都不放弃，除了自己赚钱，他们在经济中还扮演了什么正面的角色吗？金融行业真的只是一个大赌场吗？

赌场和金融市场的关键区别在于，后者是一个微正和游戏。金融市场的主要作用就是将资本和投资机会对接，金融市场中操作员之间的交易并不直接产生价值，但它的总体作用是对外部实体经济中的投资机会作出选择。外部实体经济才是最终真正创造价值的主体。本章内外部之分是相对于金融市场而言的。

外部实体公司直接或间接地参与金融市场。直接作用表现在他们会首次公开募股（IPO）和偶尔增发股票，或发行债券。间接作用是，比如股价会影响他们的谈判地位，挖人才和留住人才最好的策略是使用股票期权，而不是现金。

金融市场把外部实体经济看成一个取之不尽的价值源泉。在金融市场中，最靠近外部经济的投资者称为上游，远离的称为下游，上游投资机会和投资风险集中，投资者不敢独吞，所以必须向下找他人接盘。一两层往往不够，多层缓冲才能消化原始机遇中伴随的风险。金融市场中的大多数投资者都有下游渠道。来自外部经济的原始机遇带来的冲击波逐渐被下游吸收。那谁会如此无私或粗心呢？为什么上游投资者自己不留着所有被低估的股票呢？这个悖论的简单答案就是没有稳赚不赔的买卖，为了消化风险，他们不能独吞所有的潜在利润，而是不得已才为下游投资者分一杯羹。这听起来好像一个人在街上捡了100块钱，然后又放下50块零头。由于存在风险，马路上这种剩余零头永远拿不完。

天使投资者或风险投资家靠近上游的机会，初创公司的孵化器更在上游之上，而如果是自己创业开公司的话，利润的机会空间和所承担的风险都更大。但是，投资银行家不一定被风险投资家的暴利所诱惑，风险投资家也不想自己开公司。下游的利润率较小，但即便是最下游的残渣剩饭也还是有利可图的。待在下游至少有两个好处：一是风险比较小，二是可以动用大量的资金。一个有经验的天使投资人一年能够投20个项目就很了不起了，因为判断这些项目都需要不一样的经验，相应的行业调研和分析也需要时间。如果每个项目投入在200万～300万元之间，那么他一年的投资额度不过区区5 000万元。但是下游的投资人可能仅仅从财务表现上就能较准确地预测一个项目未来的收益，而且单个项目规模很大。所以，一个上市前期PE轮投资人一年投出10个亿也不足为奇。就算天使投资人的投资收益率是100%，而PE轮投资人的投资收益率只有20%，后者的绝对收益（2亿元）也超过了前者（5 000万元）。PE轮还有下游，允许有些对冲基金用大杠杆、海量资金去筛选那些看上去微不足道的差价来获利。上游未消化的风险机会甚至"废弃物"依然可以是下游的宝贝。运转良好的中间层可以鼓励上游更广泛地勘探和扩展。

金融市场本身并不创造财富，但外部经济可以。不过金融市场仍发挥了关键作用，每个中间层的投资者不仅吐出部分盈利机会和不可分割的风险到下游，还起到一个逐层选择的作用。外部经济实体中表现优秀的企业，才能获得上游投资者股权和债券的投资，而这些优秀者进一步优中选优，因为下游的投资者不会盲目接受上游抛出来的所有东西，他们会优先选择一些，舍弃一些。正是这种选择机制，让资本流向了优秀的实体企业，从而在客观上帮助外部经济的发展，为金融市场源源不断地注入获利机会。

在金融市场中，所有中间人的累积选择作用有助于外部经济创造财富，这就是金融市场和外部经济之间存在着的奇妙的共栖关系。就拿阿里巴巴集团的发展作例子。当初阿里巴巴的成功刚被世人认可时，500 万美元就获得了阿里巴巴 40% 的股权。现在阿里巴巴的市值超过了 4 200 亿美元，几乎是当年的 33 600 倍，每天有 30 亿美元左右的股票交易。在它发展的过程中，早、中、晚期的各类投资人大多回报丰厚，谁选得早而且重仓，谁就赚得更多。到底是谁这么慷慨，让这批人先富起来的呢？这些财富并不是它上市前后无数次交易创造的，而是这些交易让阿里巴巴做大了自己的生意，这才是这些财富的来源。看似慷慨的阿里巴巴把那么多机遇让给下游的接盘人，其实它也是金融 - 实体经济食物链的一环，受益于金融 - 实体经济的共栖关系。归根结底，阿里巴巴赚的是千万家实体经济的钱，而商家与消费者之间的魔饼才是财富创造的源泉。

不管你处在金融市场的什么位置，都可能自觉不自觉地为这种共栖关系做贡献。许多专业操盘手坦率地承认，他们对实体经济的基本面兴趣不大，而只是满足于运用高超的交易技巧从与其他人的交易中获利。即便如此，他们也许不经意地为经济与金融的共栖发挥了作用，从而间接促进了外部经济的发展。

上游投资者，比如天使投资者或风险投资者，他们更多的是通过直觉与经验而不是数字变化来衡量潜在的暴利和风险。下游投资者则更多的是和数字打交道。他们往往依赖大数据和量化交易算法。**一般说来，金融市场是从不可量化的上游渐进过渡到可量化的下游。主流金融理论只关注可量化**

的数据，**不可量化的信息就像不存在一样，因此忽略了金融市场和外部经济之间的重要联系**。可量化的部分很容易教授，而不可量化的部分需要经验和广泛的知识，但这些在教科书中很少提到。由于主流金融课程教学生们的主要是量化工具，这使得他们大多被吸引到可以更精确量化的下游，而不是创造价值的外部经济，而后者才是金融市场真正繁荣的源泉。

别急着为贪婪的金融家意外给经济做点好事而喝彩，实际上，他们的交易中只有很少一部分有助于促进外部经济共栖的选择作用。但即便如此，金融市场与实体经济的共栖关系在经济中的作用也是不可替代的。就好像蜜蜂虽然只为蜂蜜而奔忙，但它们与农业的共栖关系已经远远超过蜂蜜本身的价值了。

相对于实体经济，金融部门应该多大比例才算合理呢？总不能人人都弃耕弃工去炒股吧？在认识到金融市场与实体经济共栖作用的同时，人们也不能忽视金融家们赤裸裸的利己主义和过分行为。很多人现在意识到，在没有监管的情况下，金融市场的共栖作用可能面临失败。特别是在金融市场中，人造复杂性比比皆是，现在人们已经开始质疑：是否所有的复杂性都是必需的。许多复杂的衍生品源自大银行为促进更多交易而设计的奇特创新，这些创新虽然促进了交易，却忽视了随之而来的系统性风险。

分散 vs 集中

如前文所述，金融市场有两个基本的功能，选择优质的投资对象和分散风险。选择是目标而分散是手段。投资带来的风险是任何人都无法控制的，因此仅有选择是不够的，即便是最牛的高手也需要在一定程度上分散风险。在一个典型交易链中，上游的投资者将自己没能消化的机遇和所伴随的风险吐给下游的投资者。下游投资者不仅仅是被动地分散风险，而且还会选择来自上游的投资机遇。他们会根据自己的经验和分析，选留一些、放弃一些。公司的股票将逐层散发到下游的许多投资人手中，而即便是最下游的散户投资者，他的资本也最终会流向许多上游实体公司。在这个多层结构中，每个节点都向上游传递选择压力，而风险和机遇则流向下游。

投资者必须面对多样性和集中性争斗的窘境。即便是最下游的散户投资人，也需要考虑到底是通过购买指数基金追求尽可能大的多样性，还是利用手头的信息和自己的经验，重仓几只特别看好的股票？当我们对每一只股票（其他投资对象也是一样，为了方便，没有特别说明，我们以股市为例）了解的深度差不多的时候，了解的股票越多越好，也就是多样性越大越好。类似地，在同样水平的多样性下，看得越深就越能够更好地甄别其回报潜力。但是，求深求广都需要足够的信息，而我们的信息能力是有限的，所以我们必须在深度和广度之间作出妥协。追求深度和广度都有好处，这两个方向都要拼抢投资者有限的信息能力，而作者的研究表明，追求两个极端都是不可取的 [1]。

对主流经济学来说，仅仅几个参数就可以描述一只股票，因此就没有深度考察的必要了，所以分析师和投资者无止境的深耕细作纯粹是在浪费时间。因此，在理论上最优（即最大程度多样化）的投资组合将胜过所有其他策略，而相对集中化，也就是重仓的需求始终被忽视。然而，几乎所

---

[1] A. Capocci, Y.-C. Zhang, Driving force in investment, Int. J. Theor. Appl. Finan. 3 (2000) 511-522.

有实际运作的基金都只选投一小部分股票，而不是像指数基金那样覆盖所有流通股。理论家们对于这一系统偏离最大多样性原理的现象视而不见——要么他们的理论不对，要么整个基金行业全错了。

与主流理论相悖，实战投资者的胜利往往来源于重仓。股神沃伦·巴菲特的投资策略是基于对少数公司的深刻理解，并只投资这些公司。实际上，由于深度理解一家公司所需要的信息能力越来越高，所以，尽管现在获取信息的途径变多了，买卖股票的操作更容易了，但是投资分析师管理的股票数量却大幅度下降了，展现出一种集中化的趋势。托马斯·弗里德曼在《世界是平的："凌志汽车"和"橄榄树"的视角》一书中指出，30 年的时间使每只股票的信息负载更重了：一个典型的分析师在 1967 年平均分管 75 只股票，但在 1998 年却收窄到 12 只 [①]。

主流经济学家还认为，最大多样性是抗击金融风险的利器。这个说法是片面的，多样性策略在真正的大风险面前其实非常虚弱。

首先，多样化处理后的垃圾仍然是垃圾。比如 2008—

① T. Friedman, The lexus and the olive tree (Farrar, Straus and Giroux, 2000).

2009 年次贷危机之前，被弱化的选择使得庄家坐拥了大量垃圾债务，而其中的风险被掩盖，就好像多样性可以改变这些垃圾债务一样。这些金融产品推销人的报酬来自与贷款额成比例的佣金，他们一转手就把可疑债务一点不留地丢给下游的机构接盘，而这些下游机构也不自留，而是重新整合分给更下游的投资人。对推销人来说，垃圾越多佣金越多，这种收入模式使得他们对债务产品的质量和风险根本不负任何责任。他们非但不会尽心把选择工作做好（选出相对而言收益更高、风险更低的产品），甚至利用超低的"诱饵利率"拉拢那些根本不具备资质的高风险人群和企业来贷款，为日后危机的爆发埋下了定时炸弹。用多样性分散风险的前提是质量参次不齐，通过分散可以得到一个平均的质量（包括收益和风险）。如果没有进行认真选择，差的比好的更有动机成为投资标的，甚至采用"诱饵利率"这样不正当策略的话，金融产品的风险会迅速增大，这时候多样性的选择也无助于降低风险。

其次，研究表明，多样性的风险消化能力偏偏在危机来临之际消失了 [①]。多样化可以降低个人风险，但越多人使用它

---

① M. Medo, C. H. Yeung, Y.-C. Zhang, How to quantify the influence of correlations on investment diversification, Int. Rev. Fin. Analysis. 18 (2009) 34-39.

时，它的效果就越差，甚至会增加系统风险 ①。特别地，如果每一个人听从同一个投资指数基金的建议，那么虽然每个人的多样性增加了，但系统的多样性实际上是减少了，系统风险会更大。而且，在金融危机到来之际，所有股票之间的相关性会急速上升，这个时候，多样化不仅无法化解危机，反而必然造成巨大的损失。

既然不能按照主流经济学的思路仅仅最大化多样性，那就让我们大力推崇选择、抨击最大化多样性吧？实际上，过度重仓往往也是不行的。如果你像大多数投资人一样，只肤浅地了解几只股票或几个行业，那你是否应该只投资这些股票呢？巴菲特的座右铭"仅投资那些你了解的股票"的前提是，你具有超出一般投资人的信息能力，深度了解较大范围的多只股票。如果你只了解两三只股票，只在这个极度狭窄的范围内进行投资选择，那么，你的回报很可能还不如那些一窍不通而只买指数基金的人。事实上，很多人都对自己的能力存在过度的自信。比如一个著名的调查显示 ②，19% 的美国人认为他们在最富有的 1% 之列。在金融市场，投资者

---

① J.-P. Bouchaud, Economics needs a scientific revolution, Nature 455 (2008) 1181.

② J. Micklethwait, A. Wooldridge, The right nation (Penguin Books, 2005).

常因为对自己信息能力和判断力的过度自信，以及事实上多样性的缺乏，而造成巨大的亏损。

作者的研究表明 ①，**如果信息能力超过一个阈值，你就应该相信自己的理解，只投资你了解的；在低于这个阈值的情况下，混合策略其实是最好的，略微重仓熟悉的股票，其余则投入指数基金中。**即使是一点点知识，也会使其偏离为无知者设计的最大多样化方案。结果是任何信息能力水平的投资者都能击败搭便车买指数基金的投资者。**这种根据自己的不同信息能力，在集中和分散之间寻求最优平衡的方法，才是真正可行的解决方案！**

如果不站在投资人，而是站在企业的角度来看，对于分散和集中会产生不同的看法。企业的高管一般都会重仓自己企业的股票，很多企业鼓励甚至要求企业高管购买自己企业的股票，其中一些是采用变相的方式，比如一大部分薪水和奖金用股票的形式发放。因此，公司所有者和高管的财富往往集中体现在其拥有的公司股份价值上。这类重仓和信息没有直接关系，是因为高管不但了解公司，还可以改变公司。

① M. Medo, Y. M. Pis'mak, Y. -C. Zhang, Diversification and limited information in the Kelly game, Physica A 387 (2008) 6151-6158.

也就是说，高管重仓押宝于自己的公司，并不是为了获得更多的内部信息，而是他们有外人看不到的无数渠道，他们的"玩命"能改进基本面，这是无论多么见多识广的外部人士都无法做到的。当然，内部和外部人员的界限有时并不明显，像巴菲特这样强势的投资者，往往会要求在他们投资的公司中有一个董事会席位，而风险投资公司通常想插手管理其投资的创业公司，并为其指引方向。

寻求资金的公司也需要选择优质的投资者，从多种渠道获取资金，我们称之为"反向多样化"。钱就是钱，那为什么企业还要挑剔是谁的钱呢？因为除了资金，一个好的风险投资人或者投资机构可以给初创公司带来客户、专业知识和商誉。如果投资者对初创公司足够了解并且在行业内足够专业，他也可以在公司困难时提供更多支持。在国际金融市场中，有时候钱太多也不一定是好事，我们经常听到当热钱无理性地蜂拥至一个国家时（比如1998年泰国金融危机），甚至会损害它的经济。如果投资者有大量资金且对投资的项目了解不多，他们通常鼠目寸光并缺乏耐心，一有风吹草动就立刻撤资。这些投资商和投资机构后期反而可能危害企业的发展。反向多样化与投资者多样化的诉求相似，但不相同：

初创企业最希望得到的是多样化的资金来源，而且投资人对
项目要有足够的理解与耐心。

准有效市场

　　像金矿这样的物质资源总是越挖越少，但是无论投资
者的能力有多强，金融市场的盈利机会都不会用尽。按照通
常的理解，我们把金融市场的效率定义为可利用的套利机会
的多少。如果一个市场比另一个市场套利机会少，那么前者
的效率更高。金融市场的效率有程度之分，一些市场比其他
市场更有效，也就是更难找到可盈利的交易机会。但是完美
的效率永远无法达到。事实上，作者的研究表明，较小的利
润率需要利用较大的交易量来开发，而完美效率的极限则需
要无限量的资本[①]，这是不可能的。

　　通俗地讲，金融市场之所以不能抵达完美有效市场的
极限，有两方面的原因。

---

① Y.-C. Zhang, Toward a theory of marginally efficient markets, Physica A 269
(1999) 30-44.

首先，场内的投资人不时从金融市场中离场，而场外的观望投资人又不断进入。因为效率是一个相对的概念，它取决于了解多少和是否感兴趣。对于旁观者来说，市场看上去是有效的，但对于内行的交易者来说往往不是。有利可图的模式会吸引投机者，而他们的套利交易会削弱这些模式，从而使市场变得更加有效。当市场更有效时，有些投机者会发现盈利机会趋于稀少，可能会离场。与此同时，投资者很多，投资产品也很多，又会吸引新的投资人进入。追逐盈利机会的交易者往往还会留下自己的足迹为其他交易者扑食——螳螂捕蝉，黄雀在后，金融交易尤其如此。比如，业余炒股者和炒汇者在金融市场中比比皆是，他们用各种奇奇怪怪的策略希望从交易中获利，姑且不论他们能否成功，单就业余者的交易行为都有可能给专业高手提供丰富的盈利机会。

如图 4-1 所示，我们用两幅卡通漫画形容效率。驴子拉车的功能在这里解释为市场效率。驴子跑得越快、运输量越大就代表金融市场的作用越大。驴子总想吃到面前的蜂蜜，但总是吃不到，换句话说，金融市场中效率的完美极限是不可能达到的。但上图那头驴子距离蜂蜜稍近一些，貌似尝到了一星半点蜂蜜的味道。下图驴子距离蜂蜜稍远了一点，不可能吃到蜂蜜，驴子似乎就没有什么动机往前奔了。这两幅图的对比寓意就是，虽然看上去驴子与蜂蜜的距离或者市场效率的差距不大，但总效率却大相径庭。伊拉克的股市有点像慢驴拉车，美国股市更像快驴奔跑。一个炒股散户在两个市场中都不容易赚到钱，但他更乐于参与第一幅图对应的股市，不敢贸然进入第二幅图对应的股市。这样做是有道理的：他在第一个股市或许能挣点钱，在第二个股市可能血本无归。

图 4-1　金融市场效率图

旁观者时而加入市场，而参与者时而也可能会退出。现有的统计数据没有考虑紧盯着金融市场的旁观者这支储备大军，其实他们也可能发挥与参与者同样重要的作用。就像操纵冰山的可见部分一样，即使这是唯一的兴趣所在，也必须考虑更大的被淹没部分，因为一个部分的变化会使另一部分发生反应。主流的经济学最常用的方法是"假设其他条件不变"，因此往往会忽略相互作用和反身性，而这些性质都会阻止金融市场如主流经济学所预期的那样快速达到完美有效的状态。圣塔菲研究所传奇学者多因·法默（Doyne Farmer）在一项研究中发现，有的盈利模式居然持续了 23 年之久 [①]，如果用主流的经济理论，很难给出有说服力的解释。

其次，不断有新的金融产品和投资对象被注入金融市场中。比如，新上市公司的股票。这些新的交易机会使得市场永远不会完全有效。在经济学文献中，一个众所周知的问题是如何理解股票风险溢价 [②]。一个多世纪以来，股票的表现一直比无风险债券平均高出约 7%。这让主流经济学家感到很尴尬，除非投资者极其保守，为什么这么长时间还没有把这个差价给消耗掉呢？

一种新的思路可以用来解决这个难题。以过去一个世

① J. D. Farmer, Toward agent-based models for investment. In AIMR Conference Proceedings, 2001, pp. 61-71.
② R. Mehram, E. C. Prescott, The equity premium: a puzzle, J. Monetary Econ. 15 (1985) 145.

纪的道琼斯指数为例，在其最初的组成部分中，只有个别公司还留在当前的指数里。值得一提的是，该指数涵盖的总资本在这期间增长了几千倍，而且指数的大多成分已被替换。随着人们不断地逐利交易，老的套利机会可能被充分利用了，但越来越多的新企业不断涌入金融市场，新注入的交易机会使得总的套利机会一直降不下来。

这种动态思路对于统计物理学家而言并不陌生。主流经济学家的基础假说是针对平衡态的，而真实的金融市场是非平衡的。**我们拿河流打个比方，用描述池塘（平衡态）的理论来解释河流（非平衡态）显然不妥。**即使河流几乎像池塘一样水流平缓，但河流是有源头和出口的开放系统。同样地，将普世均衡理论应用在开放的金融市场上也是不合理的。之前关于股票风险溢价的主流解决方案，并没有考虑外部涌入的新的交易机会，而且均衡理论也不适用于动态的情况。

现代金融理论的核心原理之一是，有效市场假说。与其说它是错的，不如说它严重脱离实际。正如巴菲特所说，有效市场假说理论的护道者正确地观察到市场时常有效，于是就错误地断定它总是有效的。准有效市场理论（Marginally Efficient Markets Theory）回避了目前学术界关于市场是否有效的争论。它认为，总有高手觉得有利可图，也就是说市场效率低了，而大多数人没有看出投机门道就觉得市场效率高，两类人各有各的道理。那些看到和利用低效率的少数人会担负起金融市场的选择工作，而那些看不到的人则是搭便车的。投资者和旁观者角色的转换，以及源源不断的新交易机会的注入，使得金融市场一直与完美有效的市场保持距离。

风险与监管

正如我们在前文讨论的，尽管金融产品的复杂性和多样性一直在上升，但是金融风险并没有下降——它的到来依然猝不及防。一些学者认为，随着自动化交易系统占比的提升，人类恐惧和贪婪等非理性决策会被人工智能所替代，从而减少因为恐慌等非理性因素导致的风险。但自动化交易系统也不一定能避免风险，程序员的误操作、交易程序本身隐藏的错误，以及因为使用类似程序而在相同情况下作出的类似选择（从而放大风险，就好像经过某个临界值突然的相变一样[①]），都可能导致巨大的风险。

---

① 于渌，郝柏林，程晓松，《边缘奇迹：相变与临界现象》，北京：科学出版社，2016。

2014 年 10 月 1 日,日本一个交易员错误地匹配了交易的数量和价格,并下了 42 个总价值高达 6 000 亿美元的股票订单。幸运的是,这个交易员立即取消了错误订单,如果当时此交易员未取消订单,那么,这次失误造成的经济损失将相当于整个瑞典的经济总量。

2013 年 8 月 16 日,光大证券策略投资部的套利策略系统出现了错误,使系统重复生成了 26 082 笔预期外的订单——以上预期之外的巨额订单被直接送至交易所。这次事件直接造成光大证券当日市值损失 1.94 亿元人民币,并受到相关监管部门的严重处罚。

所以,自动化交易虽然能够避免一些人类非理性带来的风险,但是又会产生新的风险,而且这些"自动化的错误"发生太快,人类根本来不及反应。

金融风险的形成固然与投资者的非理性和自动化交易程序的错误有关,但很大程度上也是来源于制度设计的不合理和监管机构的不作为。然而,监管机构并不这么认为。在次贷危机期间，美联储前主席艾伦·格林斯潘（Alan Greenspan）惊呼银行家太贪婪了，顺手就把责任推到他们身上。亚当·斯密教导我们，个人私欲不一定是祸根，只要正确引导，这些私欲都能转化为建设社会繁荣经济的正向动力。假设动物园管理员不小心让一只老虎跑出笼子，那么他就不应该惊讶于"凶残的老虎咬死了游客"。老虎一旦有机会总会表现出其凶残的本性，因此它们必须被关起来饲养。该受到惩罚的不是老虎而是动物园管理员，以及可能存在缺陷的动物园管理制度。但我们看到的却是"刑不上大夫"——交易员可能因为导致风险受到严厉处罚，但当高层管理人员因为一个错误的政策而造成数万亿美元的损失时，始作俑者却不一定进班房，可能照样吃香喝辣，原因是问责体制不一定健全。

那么，有没有可能给金融市场实操层面的参与者更多的期许和要求，从而提前化解可能的危机呢？

我们可以祈望金融市场的参与者更加善良正直，从而在发现风险的时候，他们能够本着对社会和其他投资人负责的态度公开风险，甚至自己消化风险，不再向下游传播。然而，实际的情况是，分析师提供的投资研究报告通常是由报告所提及的公司支付的，房贷发放人坐收过路费并将风险全部抛向下游，评级机构对银行资信进行评估，但同时与银行存在暧昧的利益关系……如果没有笼子，我们都是伤人的老虎，因为善良的猫在这个环境中无法生存。

老旧的金融机构、视野狭窄、产品单一等明显低效的弱点有时反倒不是坏事，可能避免因为多样性、复杂性和全球化带来的危机。在全球危机中，旧时代的低效率实际上拯救了一些银行。时任意大利财政部长朱利奥·特雷蒙蒂（Giulio Tremonti）曾表示，在 2008 年次贷危机中，相对而言，意大利的很多银行没有受到太大影响。因为银行家们的英语水平不高，没有赶上金融创新的最后一波浪潮。他们简单的旧系统不太容易发生系统性风险。奥地利第一储蓄银行（Erste Bank）的 CEO 也宣称，多亏刻意保持银行系统的简单化，才使其避免受到影响。但是一个显然的道理是，这种因为低效和"英语不佳"带来的安全，不会成为大多数金融机构的选择。

我们甚至还可以期望形成一个去中心化的架构来处理交易和风险，从而使得集中化的风险不复存在。例如，像美国的 Lending Club、Prosper，欧洲的 Zopa 和中国的人人贷等 P2P 借贷服务，都是利用了借贷双方的社会信任关系。质疑的人可能会说，业余信贷调查比银行家好不到哪里去，但支持的人则认为，与大银行使用的软件相比，亲密的私人关系对了解违约风险更有帮助。然而，这种去中心化体系能够大面积推广的前提是：整个社会已经是一个相对成熟的信用社会。遗憾的是，最近频发的非法集资和非法传销案件显示，中国距离一个信用社会还有很长的路要走。

上面这些自下而上的方法都可能对降低风险有帮助，但都不足以让投资者放心。实际上，有些选择是不可取的。我们认为，好的制度可以改善系统性选择，就像信息中介可以使消费大众变得更聪明一样。在更高层次上的改善有着无限的潜能，这是仅凭精明的交易者自身无法发掘的。而且，制度设计对市场庞大的共栖关系影响巨大。缺乏或错误的结构会降低金融市场的选择能力。就像我们刚才举的例子一样，如果没有严厉的监管，一个拿着 A 公司的钱又假装中立给出的针对 A 公司的分析报告，一般而言只会误导我们的选择。如果这种行为普及开来，那么金融市场就没有能力选择出更具有投资价值的对象。

假设未来金融市场有更完善的制度规则，也许比现在好得多。但没有人能保证不再有危机或者赚钱更容易。非市场经济体中没有崩盘，比如朝鲜可能发生饥荒或其他灾难，却很少发生金融危机。但是我们不会为了避免金融危机，就开倒车放弃市场的手段。如果不能避免金融危机，那怎么样才是更好的市场呢？主要标准是：**好的金融市场可以使企业和投资者之间的共栖关系更多更强，资本供需双方业务量更大，这又会推动经济的增长。**

市场固有的不稳定性永远不可能完全消除，因为无危机时期会鼓励投资者投入更多的资金来寻求更久远的未来机会。即使是最好的市场也是准稳定的，这是资本经济的固有特征。这并不意味着，我们必须被动地等待未来的全球危机去淘汰掉不理智的投机者。就像对超速驾驶的司机作出及时惩戒，而不是坐等所有违规司机在事故中死亡一样。**金融市场可以而且必须采取预防措施，在系统性风险累积到引发全球经济崩盘之前，频繁惩罚粗心大意甚至心怀不轨的金融肇事者。**

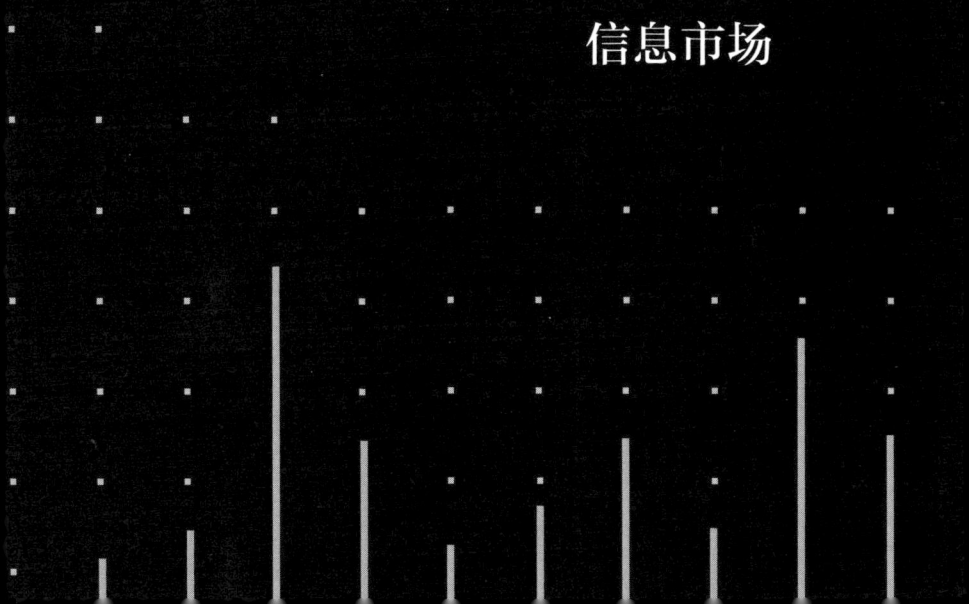

RESHAPING

THE STRUCTURE OF INFORMATION ECONOMY

05

信息市场

RESHAPING

- 未来的搜索引擎将遵循一种新的范式，即如何搜寻信息会对创建信息有直接的影响，而信息搜索和耕作之间的界限将被彻底打破。搜索由需要的用户发起，而耕作的重点则相反，是由创建者发起，两者相辅相成。

- 反复使用的资源适用于耕作，在长尾处的无数信息则可以通过搜索获取。

- 当前信息耕作还处于初期，信息喂食模式更是才起步。尽管与搜索相比，目前他们的作用还不足以摇撼搜索的霸主地位，但其作用正在逐渐被认可和接受，对社会的变革性影响也将会像农业革命那样惊人。

THE STRUCTURE OF
INFORMATION ECONOMY

> "
> 模式越高效多样性问题越严重,如果没有合适对策的话多样性将受到损害,久而久之,也许'喂食'退化成'喂屎'我们还全然不知,因为信息寡头不会给我们留下其他选择,也不会真正在意信息市场的生态。"

信号与噪音

信息除了是评估其他产品的工具之外,其本身也是一种产品,也存在质量问题。套用通信原理的一句话,我们接触到的或免费或付费的信息,也不完全都是信号,里面夹杂了很多噪音。

这些噪音大体上可以分为自然噪音、人为噪音和羊群噪音三类。

由于消费者的信息能力参差不齐，而且分辨产品的难易程度也大有不同，因此，他们会对产品产生程度各异的误解，这种误解原则上是无法完全消除的，所以可以认为是**"本质噪音"，我们权且称作自然噪音吧**。尽管不同的认知水平和信息能力会导致误解的程度不同，但是从统计上讲，不同的信息产品被辨识和认知的难度也有所不同。例如，评价一道菜比评估食品添加剂的长期影响要容易得多，所以，可以认为后一种情况的自然噪音更强。因为我们的信息能力总是不足以胜任生活与工作中无数的信息任务，所以我们将永远生活在自然噪音之中。由于金融产品比消费产品更难于甄别，所以金融市场中的自然噪音尤其严重。

与自然噪音有别，人为地去歪曲事实则称为人为噪音，比如人为制造复杂性就可以归类于人为噪音。人为噪音的目的是故意误导人们，让他们相信噪声制造者造成的假象。比起哲学、天文学等方面的信息，商业类的信息更有可能受到人为噪音的干扰。比如在搜索引擎中输入"特价劳力士表"或"减肥饮食"，最上边的几条信息往往来源可疑。再用信号传播打个比方。商家是产品的信息传送者，消费者则是接收者——后者就像半聋一样。市场是充满噪音的传递渠道，评估就像解码，营销就像编码，但编码者是专才，而解码者得是通才。所以，作为解码者的消费者往往受到编码者的误导。

一般而言，商家把客观事实的原始信息人为编码，加入各种对自己有利的扭曲，然后发送给消费者以鼓动其购买。编码或信息加工并不总是恶意的。例如，一个已经天生丽质的美女仍然会化点妆使自己变得更好看。没有人指责她扭曲了事实，因为这已经成为一种公认的社会规范。同理，真正好的产品也需要广告宣传，这就是为什么商家要在实质和外观上都下功夫才行。有时编码需要非常专业的水平，但是包装打扮得太过分就属于滥用了，比如昂贵的公关公司和形象设计师美化产品或塑造明星，以至于粉丝们看到偶像的素颜真人几乎认不出来了。

除了对内容本身的过度扭曲，比如大家经常看到的包治百病的保健品广告，还有一种人为噪音是故意把与你的信息需求关联性很小的信息推送给你，从而诱导你产生错误理解或作出错误判断，当然，这个判断对商家是有利的。实际上，现在很多商家主要的营销精力已经从电视、广播、报纸等传统媒体，转移到了搜索引擎等新的信息平台上。一个网站的排名对企业的经济有很大影响，网站在搜索引擎上的排名高低往往直接决定了商家的成败。搜索引擎优化行业就是帮助网站管理员提升网页曝光率的。与其说网站满足了用户的真实需求，不如说是用各种"搜索引擎优化"伎俩去迎合搜索引擎。一些搜索引擎则采用付费的方式，不论网站质量是优是劣，信息是真是假，内容是否相关，只要商家付费，就会提升其网站排名。

2016年全国闹得沸沸扬扬的魏则西事件，就是典型的人为噪音造成的。很多医院为了拉客，通过给百度广告费用，让患者搜索之后在首位看到自家医院的介绍和链接，至于搜索的相关性和医疗质量的保障，都是其次的问题。据公开报道，百度2013年的广告总量是260亿元，莆田的民营医院在百度上就做了120亿元的广告，有些医院在搜索引擎上的推广费用就占到营业额的百分之七八十，甚至有的医院一年收入1.2亿元，其中1亿元就投给了搜索引擎。这笔费用实际上又转嫁给了患者，所以患者交10万元接受的是价值2万元的治疗，其余8万元用于在百度上竞价排名。

第三种噪音叫作羊群噪音，来源于某个偶发事件或刻意举动引发的羊群效应。羊群噪音很少单独存在，往往和自然噪音以及人为噪音共栖。一般而言，自然噪音越高，羊群噪音越厉害，因为当消费者自己难以判断产品优劣的时候，就容易受旁人意见的影响。例如，像电影剧本这样的文化产品很难进行评估，内容经纪人很难找到下一个大热门，风险投资人也很难找到有前途的初创公司。所以，人们通常一窝蜂地涌向被认为是当前共识的流行选择。正是因为这个原因，很多商家制造人为噪音来激发羊群噪音。例如，图书出版商会在新书发行时，大量回购自己的图书，从而在新书销售榜中占据一个更好的位置，希望能引起抢购趋势[1]。

艾伯特-拉斯洛·巴拉巴西（A.-L. Barabási）[2]和艾伯特（R. Albert）在1999年发表在《科学》期刊上的论文中提出优先连接（preferential attachment）是网络增长的一种机制[3]。他们指出，如果一个网页已经被链接了很多其他网页，

---

[1] D. Kirkpatrick, Book agent's buying fuels concern on influencing Best-Seller lists, New York Times, 23, August, 2000.

[2] 全球复杂网络权威，无尺度网络创立者。他的成名作《链接》（10周年纪念版）已由湛庐文化策划，浙江人民出版社出版。其另一部著作《爆发》（纪念版）已由湛庐文化策划，北京联合出版公司出版。——编者注

[3] A.-L. Barabási, R. Albert, Emergence of scaling in random networks, Science 286 (1999) 509.

即被其他网页指向，那么它将吸引更多网页指向它。在许多情况下，优先连接特征也被称为富者愈富（rich-get-richer）现象，我们认为这也是羊群噪音的一种典型表现。如果起初有一个网站略为出色，那么搜索引擎会分配较高的权重给它，于是用户和其他网站管理员将有更大机会找到它，并将他们的网页链接到该网站上，而这反过来又会使其权重变得高得离谱。通常情况下，网站管理员依据他们的线下联系和专业知识应该知道链接向什么样的网站，但他们的知识中仍有一部分来自搜索引擎。"富者愈富"的机制对较小的、较新的长尾内容有系统性偏见。事实上，一项大规模的实验表明，随机放入所谓的"流行音乐榜单"的音乐，后续会吸引大量的访问和下载 [①]。

谷歌的网页排序算法（PageRank）及其变种 [②] 加剧了网络增长的羊群效应。该算法伴随着互联网的增长，给我们留下了一个由过度"热门"网站构成的网络。而这里所谓的"热门"，更多的是由羊群效应造成的，而不是纯粹来自网站自

---

① M. J. Salganik, P. S. Dodds, D. J. Watts, Experimental study of inequality and unpredictability in an artificial cultural market, Science 311 (2006) 854.

② L. Ermann, K. M. Frahm, D. L. Shepelyansky, Google matrix analysis of directed networks, Rev. Mod. Phys. 87 (2015) 1261.

身的价值。搜索引擎可能宣称自己是中立的，只会满足用户的需求。我们今天所看到的万维网，其中有一大部分是与谷歌一起长大的。谷歌参与了网站的发展过程，尽管这些网站的权重在无意中被谷歌的算法系统化地扭曲了。如今，大多数的搜索算法都是基于富者愈富机制设置的，而且随着时间的推移，这些算法会使得发现长尾项变得越来越困难。

金融市场充斥着这三种类型的噪声，其中羊群噪音可能是最严重的一个。有些人可以故意造成羊群效应，精明的交易员可以对基本面一无所知，但却能利用那些因羊群效应而上当的投资者。因此，金融大牛们对来年的股指预测时常比猴子预测的还差，猴子们只受自然噪音的影响，但大牛们还受到羊群噪音的拖累，因为他们的观点往往趋于一致。

利用人为噪音和羊群噪音的人可以从中获利。例如，营销代理会花钱聘请名人明星，希望将他们的大量粉丝聚集到自己的商业客户那里购买产品或服务，就像推特上有成千上万粉丝的明星。许多信息服务声称其目的是帮助消费者更好地了解信息，但是他们会有意扭曲信息，并从中获利。事实上，免费信息从来不是真正的免费，"叫卖者"直接或间接地为其付费客户编码商业信息。例如，谷歌成功地打击了他

169

人的噪音，然后以赞助商广告的形式加入一些自己的噪音。尽管如此，三方（谷歌、用户、商家）共赢仍可以发生，因为谷歌对用户的帮助远远超过了其广告带来的些许不便，所以，总体上讲，它仍可以实现正和游戏。

降低噪音

现代社会最具挑战性的任务之一，就是从茫茫的信息大海中寻找对症的"针"。难度之一在于可以获取的信息量太大，难度之二就是这些信息中还夹杂着很多噪音。为了克服前文所提到的三类噪音，只有强大的计算能力是不够的，高效的算法才是大海捞针的必备法宝。

一般来说，自然噪音是不相关的，所以不会存在系统性的偏差。举个例子，让一群人去猜一根棍子的长度，有的人答案会偏长，有的人答案会偏短，但是如果大家没有交流，一般而言不会出现大家都倾向于同一个判断的情况。如果有了交流，则可能出现我们下面要讨论的羊群噪音。正是由于自然噪音的不相关性，可以利用群体智慧获得真相。有个典故讲的是一群英国人猜测一头牛的重量，所有人猜测的重量的平均值接近正确答案。现代社会中也有与之类似的例子，比如书籍、酒店或产品的平均评分。

其他两种噪音则要麻烦得多。先说说人为噪音。

AltaVista 是互联网最初十年的主要搜索引擎，它把关键词的频率作为线索。网站版主们很快弄清了 AltaVista 搜索的标准，他们在网站上插入了大量肉眼看不见的关键词，使得搜索质量快速恶化——这就是典型的人为噪音。谷歌认为，网站的重要性不再取决于关键词出现的频率，而是由基于网页之间链接关系的 PageRank 算法决定的[①]。想排名高就需要其他高排名的网页指向你，也就是从高排名的网页可以跳转到你的网页上。版主们总会仔细选择应该链接向哪些网站，这使得他们无意中成为谷歌的免费打工仔。谷歌的成功在于找出这种链接关系在刻画网页质量方面的重要

---

① S. Brin, L. Page, The anatomy of a large-scale hypertextual web search engine, Computer Networks and ISDN Systems 30 (1998) 107.

性。通过 PageRank 这个能够有效降噪的算法，谷歌取代了 AltaVista。

具有讽刺意味的是，如果阻止噪音的措施不当，就可能带来更严重的人为噪音。

为了评估和改善医疗服务，卫生部门发明了报告单，用报告手术的成功率或失败率来评比医院[①]。这却对改善病人的护理起了反作用，因为被评估的医院往往会把危重病人拒之门外，但是对这些病人来说，高风险的手术可能是他们唯一的救命稻草。相对来说，医院更倾向于为相对健康的病人进行可做可不做的手术，当然成功率要高得多了。

中国曾发生过一起影响巨大的食品丑闻。该事件的起因是中国的奶制品商常常用水稀释牛奶。为了消除这种人为噪音，质量控制机构设计了一

---

① D. Dranove, D. Kessler, M. McClellan, M. Satterthwaite, Is more information better? The effects of "report cards" on health care providers, J. Political Econ. 111 (2003) 555.

种检测牛奶中蛋白质含量的方法，使得这种稀释
策略失效。但是三鹿公司想出了一个更"高明"
的方法，在稀释后的牛奶中加入可以在检测中假
冒蛋白质的三聚氰胺。相比弄虚作假但是至少对
人体无害的水来说，三聚氰胺是一种对婴幼儿有
着潜在致命伤害的化学物质。

报告手术成功率和检测蛋白质含量这些阻止人为噪音
的方法，其出发点都是好的，但是如果不在实施的全过程中
处处小心，就可能会带来更具伤害性的新的人为噪音。再举
一个更极端的例子。

2009 年 2 月 22 日，《旧金山纪事报》（*San Francisco Chronicle*）报道称，哥伦比亚军队为了
打击反政府游击队，给士兵们设置了杀敌定额，
如果他们达到目标就能得到奖励与休假。士兵们
发现，反政府游击队很难追捕，而手无寸铁的农
民则更容易拿来充数，于是目标常常很容易超额
完成了。报道称，累计有 1 000 多名平民被士兵和
警察杀死以增加叛军伤亡人数。

熟读中国历史的读者应该了解，以平民首级冒充平叛剿匪成果的例子，在历朝历代屡见不鲜。以上情况表明，如果不能详细地了解人类的反身性，那么抗击噪音的措施可能会适得其反。

羊群噪音和自然噪音与人为噪音一样，也不可能完全被消除。但是有一些方法可以大大降低它。

第一，通过切断反身性的反馈回路，从根本上消除羊群噪音。例如，在线媒体可以禁止投票者在投票前看到结果。但是，这种不显示评分的措施对网络发展没什么作用，因为我们不可能要求网站版主在选择链接之前不使用搜索引擎。事实上，切断反身性反馈回路在绝大多数情况下是不现实的。

第二，通过引入时间维度来降低羊群噪音。我们注意到，在对抗人为噪音的问题上，谷歌的算法无意中加剧了羊群噪音。可以说，谷歌已经在互联网上形成了一个巨大的系统偏见，使得知名的网站变得更知名，与此同时，长尾网站的显示度被进一步打压。未来搜索引擎的一个新出路是多考虑一个维度，即时间。我们可以通过跟踪信息家谱来获得比现在使用的静态网络更深入的理解，包括从网络成长史中了解原始信息是如何传播和扩散的，从而部分消除优先连接机制带来的羊群噪音，以及通过赋予近期信息更高的权重，从而使一些新的有价值的信息，有更大机会被更多人知道。

第三，提高高质量信息的显示度或权重。以亚马逊的书评为例。一本书通常有几百页，评估它需要费时耗力，而评论则要易读得多。匆忙的读者可以通过阅读评论快速了解一本书，其中一些评论可能会与他自己的观点相呼应。如果他觉得某条评论有用，可以为其投票。高质量的评论可以获得高票，从而影响更多感兴趣的读者。波兰裔美国心理学家安德烈·诺瓦克（Andrzej Nowak）在最近的一个学术演讲中提到了一项关于美国总统竞选投票的研究。媒体在候选人辩论后，不是立即打电话做调查，而是等到第二天再进行调查。这个令人费解的现象，是因为媒体希望人们有充足的时间仔细考虑，从而得到更可靠的结果。

第四，让少数人的意见得到充分地表达。例如，在委员会会议的重要决议中，委员会主席不是要求立刻强行表决，而是允许审议，从而使知情的少数人揭示出全部含义。这取决于不知情的多数人的分析能力，如果他们完全不懂，那么任何审议都不起作用。相反，如果他们都有主见，审议也就没有意义了。在这个中间的灰色区域，审议能够帮助挖掘那些多数不知情人士隐藏的判断能力，从而降低可能在审议之前就因为羊群噪音而形成的系统性偏见。

搜索、耕作和喂食

当我们想买个新设备或寻找一家酒店时，我们并不是去查询搜索引擎，而是经常上那些专门的评论网站，例如在大众点评网上找美食，在豆瓣上看书评，等等。因为每一类的专业内容网站屈指可数，所以在它们上面找到所需要的信息往往要比搜索引擎容易得多。

正如我们在第 2 章讨论的，这些有用的评论主要是由消费者自己写的，而平台中介则按照统一的标准，以一致的格式组织内容。于是，一种新的信息生产和消费模式出现了。信息可以在指定的地方创建与整合，在这些熟知的地方，用户可以轻松地找到他们需要的信息。对比信息搜索，我们不妨将其称为信息耕作。谷歌和维基百科分别是搜索和耕作最知名的例子。**许多迹象表明，耕作模式已经开始挑战搜索模式的霸主地位。**在国外查询谷歌时，我们经常在搜索结果的顶部找到维基百科的答案。类似地，百度百科往往也出现在百度搜索结果的首位。一些人的习惯可能已经改变了，他们不再用搜索获得不确定的结果，而是直接去自己喜欢的专业性内容网站查询。

对于信息的消费者而言，耕作相比搜索的优势主要有两个方面。

第一个优势是专业化和结构化。耕作模式的提供者会充分考虑用户特定的需求，所以用户能够轻松找到所需要的内容。比如说，就餐者对于一家餐馆的评论可能有10万条，其中三四万条都集中在大众点评网上，并且被分类和整理成了用户容易阅读的形式，用户可以按照评分、内容和时间进行各种排序。与之对应，如果消费者要通过搜索引擎去发现分散在大众点评网、贴吧、BBS、微博、微信、市民信箱留言和其他我们说不出名字的各个地方的相关信息，其工作量绝对不是一个普通信息消费者所能承受的，而且这些信息表现形式五花八门，阅读起来非常困难。

第二个优势是质量有保障。一些专门化网站对于质量有严格的规则，例如，国家食品药品监督管理总局会发布所有计划内食品抽检的合格与不合格信息，这比微博、微信和贴吧上似是而非的讨论权威性高得多。而且，互联网协同工作方式，可以让一个没有指定权威的群体集体贡献出权威的内容[①]。当人们向诸如维基百科这样的知名平台贡献内容时，无论内行和菜鸟都会受益。菜鸟了解自己落后的程度而愧不如人，所以他们要么做得更好，要么干别的事去；而当内行知道人们欣赏其领导角色时，会受到激励从而在其擅长的领域做得更好。最终，在没有明确权威的情况下，维基百科的编辑以一致的外观和权威的方式组织信息，并且内容都有权威参考文献作支撑。

从一方面来讲，耕作能够为搜索引擎提供更高质量的内容，从而提高搜索结果的用户满意度。

> 谷歌自称其使命是组织世界的信息。这口号也暴露了谷歌认为世界上已经有的信息是既成事实，它并不参与创造信息。如果你对搜索出来的东西不满意，那对不起，这已经是谷歌能在世界上找到的最好的了。显然，如果已经存在的信息

[①] Y. Zha, T. Zhou, C. Zhou, Unfolding large-scale online collaborative human dynamics, PNAS 113 (2016) 14627.

本身质量得以提高，谷歌搜索的质量也能相应提高。而耕作恰好是内容的生产和组织者，所以它们可以给搜索引擎提供更好的材料。

其实，搜索引擎也可以帮助耕作者创建更好的内容。搜索引擎可以让内容提供者和搜索者进行互动，通过观察他们的交流，能够了解用户的隐性需求和创造者的潜能。内容所有者会被告知关于其网页的访问情况，搜索者可以在网页上留下评论和反馈，这种对话可以激励作者对内容作出改进。信息内容是在创建者和用户之间互相反身的影响中通过社交方式创建出来的。这样的新搜索范式就会在内容创建上起到举足轻重的作用，这有别于当前的搜索范式。**未来的搜索引擎将遵循一种新的范式，即如何搜寻信息会对创建信息有直接的影响，而信息搜索和耕种之间的界限将被彻底打破。**

搜索由需要的用户发起，而耕作的重点则相反，是由创建者发起，两者相辅相成。这是否意味着未来的信息将来自有组织的耕作而不是搜索呢？如果是这样的话将减弱自发性，甚至阻碍内容创作者的无约无束的想象力。理想情况可能会是：**反复使用的资源适用于耕作，在长尾处的无数信息则可以通过搜索获取。**

耕作模式比搜索模式更容易找到信息，但是用户仍然需要去主动提取内容。另一种更有效的信息消费模式，我们称之为"喂食"模式。在该模式下，信息内容主动"喂"到我们"嘴"里，信息提供者通过先进的算法，认为这些喂食的信息可能正是我们想"吃"的。在一些网站中已经嵌入了喂食模式的元素。比如当我们在谷歌上搜索时，它悄悄地给我们推送赞助商的广告。包括亚马逊和淘宝网在内的绝大多数知名的电子商务网站，都利用推荐系统 ① 来向消费者推介个性化的产品。今日头条这类新媒体也通过推荐系统向读者推送个性化的新闻。

事实上，搜索和耕种的信息不必在意个性化，每个人自己拉来的内容总会不同。而喂食则需要高度的个性化工作，像横幅广告这样的暴力填塞方式越来越不受欢迎了。我们在第 2 章中讨论的个人助理（PA），是实现这一模式的一种有效途径。因为 PA 可以充分采集我们历史的行为和偏好数据，发现我们即时的需求和我们自己都难以描述的隐性需求，就像我们自己在寻找信息一样。所以说，表面上看喂食模式是

① 刘建国，周涛，汪秉宏，个性化推荐系统的研究进展，自然科学进展 19 (2009) 1-15。

一种推动模式，但是借助 PA 和个性化推荐算法，它的实质可以是一种拉动模式。对比三种信息消费模式不难发现：

- 搜索引擎，只对自身编入索引的条目进行排名。
- 耕种，要求中介做更多的事，即帮助内容增长。
- 喂食模式是最困难的，信息中介和个人助理不仅需要关注用户的信息消费历史，还要找到与他们兴趣相投的人。

在狩猎采集社会，当人们感到饥饿时会去寻找食物，饥一顿饱一顿。农业改变了这一切，人们学会了规划土地以利于作物生长。**在信息革命的当前阶段，我们仍然生活在狩猎采集的原始社会，但却处于向耕作过渡的临界位置。**在狩猎采集社会，人们认为食物是已经存在的，他们发展出各种手段更高效率地捕猎或采集，但并不关心森林中的果子是如何形成的。搜索工程师就像优秀的采果者，他们知道如何在互联网这片森林中寻找信息，但并不直接种植果子。贾雷德·戴蒙德（Jared Diamond）在他的畅销书《枪炮、病菌与钢铁：人类社会的命运》[①]中强调了农业的重要作用，农业引发了空前的经济增长，解放了生产力，并将人类从狩猎采集社会

---

① J. M. Diamond, Guns, germs, and steel: the fate of human societies (W. W. Norton, 1999).

启蒙到智慧时代。

当前信息耕作还处于初期，信息喂食模式更是才起步。尽管与搜索相比，目前他们的作用还不足以摇撼搜索的霸主地位，但其作用正在逐渐被认可和接受，对社会的变革性影响也将会像农业革命那样惊人。

信息多样性

人们也许认为搜索引擎总是越高效越好，但很多时候，提高效率会引发多样性降低的副作用。

举个例子，谷歌即时搜索，也叫关联搜索，是提高效率的神器。当你键入查询的前几个词时，热门关键词就会在搜索框下面自动出现，搜索者可能选择其中的一个而不用输入完整的查询词。对于搜索而言，即时搜索或许为我们节省了几秒钟的搜索时间，这算得上是一个巨大的效率革新，但是它无意中却损害了搜索的长尾性。工程师们可能会"丢锅"给用户，因为他们完全可以忽略给出的建议并继续键入长长的搜索句。如果人们可以完全准确地描述自己的需求，那么，搜索当然就应该只针对这个特定需求。但是，有时人们并不能精准地表达出他们要搜什么，因此，热门词的建议就缩小了选择范围。谷歌在某种程度上将不确定的查询"劫持"到热门词上，这就造成了一个恶性循环，在同等机会下，热门网页会进一步被增强，而其他网页则会受到冷落。工程师们做梦也没有想到，他们对效率和创新的热情祸害了多样性。

在文本匹配之外，谷歌还通过数值上的匹配提高搜索的精确性。举个例子，谷歌食谱搜索是帮助人们寻找食谱的工具。谷歌选择了烹饪时间、热量、配料数目等易于量化的参数来描述食谱，使得菜谱搜索更高效。但 TechCrunch 的报道指出，这种搜索方法容易被关键词优化算法所利用，最终使得"主流的菜谱"或者"付费的菜谱"占据统治性的地位，而那些具有独创性的真正的"好食谱"却销声匿迹。

又比如，谷歌推出了所谓的个性化搜索。这一工具会跟踪用户的搜索历史，并假定其未来搜索的领域会和之前一样。结果与我们前面提到的"富者愈富"模式类似。用户在以往的查询中停留的时间越长，走出这些偶发的兴趣圈的难度就越大。一些暂时的喜好所产生的搜索历史，可能会为用户打造未来搜索的陷阱。Stumbleupon.com 则正好相反，该网站旨在摆脱用户之前的"兴趣陷阱"。尽管谷歌在迎合用户的口味上比 Stumbleupon 的精确度高，这也是某种意义上的效率更高，但是后者丰富了多样性。

谷歌这些看起来能够提高效率甚至是用户体验的方法，实际上却可能损害了多样性。不过，这种损害的角度不一样。**有的是返回给不同用户类似甚至同样的信息，这被称作用户间信息多样性的降低；有的是返回给不同用户不同的信息，但是给每个用户的若干信息之间非常相似，这被称作用户个体获得信息多样性的降低。**这两种多样性损害的程度分别有不同的度量方法 ①。前者可以想象为亚马逊给每个用户都推荐了 5 本畅销书，后者可以想象为亚马逊给你推荐了《哈利·波特》系列第二部到第六部这 5 本书，因为你曾经买过《哈利·波特》的第一部。

为什么信息的多样性如此重要呢？因为人们知道的往往比能说出来的更多（即隐性知识），同样，他们的需求也比自己所知道的范围更广（即隐性需求）。这就是为什么我

---

① T. Zhou, R.-Q. Su, R.-R. Liu, L.-L. Jiang, B.-H. Wang, Y.-C. Zhang, Accurate and diverse recommendations via eliminating redundant correlations, New J. Phys. 11 (2009) 123008.

们应该放松对准确性的要求，以获得适当的"主题外"的意外惊喜。此外，我们还应该不时地走出自己所有可能的需求，接触一些全新事物，并不一定要有什么理由，仅仅是为了新奇和惊喜。比如有的时候去图书馆或书店浏览时，我们往往只是想看到一些有趣的东西，而不是专程去找某一本书。同样地，浏览网站也不能完全被精确的搜索取代。

当然，对于多样性的强调也不能太过分。当下搜索式微，喂食日盛，谷歌、百度等也学今日头条去喂食流行趣闻。本来你打开百度也许带着一个确定的主题去寻觅，结果满页的纷繁趣闻就可能把你"黏住"半小时，甚至忘记了上百度的初衷。究竟是帮助用户集中精力好，还是分散精力好，请读者们自己去回答吧！

信息多样性还蕴含了信息的多视角、多场景和互动性。这与维基百科的基本原则，即中立观点，是不同的。维基百科要求条目中性，其设计者希望某种最佳的折中选择能适合所有人的口味，就像第3章中提到的橄榄花园连锁餐馆的菜品一样。所以，对于同一个主题，每个人看到的最终呈现内容都是一样的。其实，不同的人对特定内容有不同需求，不同的人心目中最有价值的答案也不一样，而中立的观点对于大多数人来说太平淡无奇了。与之相对比，在大众点评网上，不同用户评论的信息视角不一样，有的关注菜品的味道，有的关注食材的新鲜程度，有的关注价格，有的关注环境……用户可以看到不同视角的信息，从而找到和自己关注点更加匹配的内容。又比如 Quora 和知乎上的问题，回答者从不同的视角和场景出发，给出丰富的答案。事实上，这些网站允许提问、评论和个人反馈，用户和信息的贡献者可以互动交流，使得原本平淡无奇的信息变得生动而丰富。阅读这些网站要比读维基百科的唯一答案更加费事儿，但是它有助于维护信息的多样性，从而更好地满足更多样的用户需求。

在浏览 - 搜索 - 耕作 - 喂食这几种模式中，越向左越多样，越向右越高效。 仅需略知一二的人要的是高效率的快餐式答案，而懂行的人就需要多元化和有深度的分析，这些正是高效系统所欠缺的。对于信息平台来说，效率越高，就应该越谨慎对待多样性的命运。网络就像未知城市里的迷宫一样，浏览网页是获取信息最低效的方式。例如浏览个人博客不是获取特定信息高效的途径，但不同的人有不同的观点，加上下面七七八八的评论，多样性自然就足够了。搜索比浏览高效，它帮助我们从信息的海洋中打捞信息。耕作则更加便利，使我们免去苦觅，去几个知名网站就什么都有了。而喂食则是最高效的模式。**模式越高效多样性问题越严重，如果没有合适对策的话多样性将受到损害，久而久之，也许"喂食"退化成"喂屎"我们还全然不知，因为信息寡头不会给我们留下其他选择，也不会真正在意信息市场的生态。**

蒸汽机和搜索引擎分别是工业革命和信息革命的典型例子。两者都需要工程师，但其思维有所不同，前者需要考虑机械精度，后者需要考虑人的反身性和社会经济的复杂性。特别要注意的是，搜索信息的方式影响着信息创造，一味地追求效率会对信息多样性造成不利影响。所以，信息社会对于搜索工程师的要求和工业社会大不一样，不仅仅是完成某些固定的目标，而是要把自己看作信息生态中的一部分，充分思考并随时修正各种可能的负面影响。

信息经济的未来

本书其实呈现了一个新型的市场理论。新在何处呢？传统理论致力于确认所有创造财富的组成元素，然后对这些元素进行优化。它不屑于回答这些元素是怎么来的，它们是怎么为人所知的。而新理论则不认为那些元素是给定的，大书特书怎么能更多更好地去了解它们，而随着人们认知的扩展，新元素会被创造出来，这个过程永无穷尽，所以做优化是徒劳的。

书中图 2-3 所示的那个冰山就很有代表性。我们之所以把三类截然不同的市场在同一本书中讲述，就是因为消费、金融、信息这三类市场都具有一个共同特点，那就是看得见的元素（即显性需求）与暂时看不见的元素（即隐性需求）不可分离。隐性的冰山代表着市场拓展的方向。在消费市场中，消费者的无数需求与商家的产品互相寻觅，往往有各种中介在两方之间穿针拉线。市场上的交易都是显性的，改进这些交易会对挖掘那些隐性的需求与产品产生巨大作用。

立足显性，开拓隐性正是本书的基本范式。它在处理三类不同市场中的问题时，都得到了淋漓尽致的发挥。

在消费市场中，人们的需求与产品种类数目巨大，而且迅速增长，传统商业模式远不能支撑双方高效地互相寻觅，所以，信息中介是信息革命带来的最瞩目的产业。第 2 章我们探讨了这些中介无奇不有的各种形态。社会总信息能力的提升将带来市场演化的大趋势。比如，商品的寻觅模式会逐渐由推转变为拉，而这种模式转变将带来市场的个性化与多样化。

金融市场则是以另一种表述来诠释基本范式。显然，金融市场的产品数目远不及消费市场，但对认知的深度与频率要求却高得多，所以，一个多层次的结构，既能避险，又能逐级选择投资机遇。这里的隐性部分是那些可能参与的投资者与外部实体经济，显性部分的运营改进可以使得新机遇由隐性转为显性。

第三类信息市场，虽然多数交易不一定是货币交易，但是由于信息是财富的催化剂，因此这个市场不容小觑。信息不再像给定的石子摆来摆去，而是怎么摆信息与内容直接关系到新东西的产生。信息与内容消费模式也会有从推到拉的转变，我们将看到信息的个性化与多样性的大趋势同样会给人类带来福祉。

一个市场理论本来不应涉及伦理与价值，怎么赚钱、营销才是本分。但本书的市场理论另一"新"处是伦理与赚钱不可分割。比如第 1 章的基本不对称性原理认为，虽然消费者的需求与商家产品都会无穷尽扩展，但其中一方的可扩展性要大得多。这给有远见的企业家与市场规则设计者的启示是：尽量把选择压力转向商家，而不是像目前的一些中介那样，玩弄各种手段忽悠消费者。如果顺应这个原理，商家或中介将看到，他们的市场规模的扩大要比那些顶着基本原理逆行的人容易得多。正如电商巨贾马云感悟到的：下一代的市场应该要普惠和个性化，fun & profit 并行才是人间正道。

读者也许会疑惑，几位物理学者贸闯经济社会学领域，是不是太不自量了？三位作者都是理论物理学博士，并不是觉得经济社会学问题容易解决，而放着物理学的前沿问题不闻，专拿软柿子捏。事实正好相反，经济社会学中的道理与机制比物理问题难解决得多。可以说，我们每个人花在经济学问题上的精力，比花在物理学问题上的精力要多 10 倍，甚至更多！特别是现阶段信息经济学的发展日新月异，变幻无穷，而对经济学研究可能造成的影响也比成熟科学要大得多。

本书之所以称为"结构"是因为它仅仅是个粗放的理论框架，许多论点还要深耕细作，而且更合适的实战例子还没有进入作者的视野。比如任何一章都可以扩展为自成一体的一本书。为什么不等到完全成熟再与读者见面呢？正如梁春晓先生在推荐序中提到的"十年磨一剑"，作者们已经反复推敲多年了，也曾在小圈子里多次探讨征求意见。我们感到此书需要尽快问世，新理论的确认、批判与扩展不应是我们几个人的事，而应该让更多的人参与进来。

本"结构"的另一个特征是它呈现的众多论点之间逻辑互联的关系非常紧密，看似很多论点扑面而来，其实它们一环套一环，形如一座大厦，任何承重梁的改动都会影响总结构。读者第一次阅读可能会直接跳到自己感兴趣的章节，但他会发现进一步深究时则需要补读略去的章节才会有助益。

取名为 "结构" 也是师法我们崇拜的托马斯·库恩(Thomas S. Kuhn)。他虽然是理论物理学博士，却在本行之外的建树更大，给我们留下了《科学革命的结构》这一不朽巨著。他用自然科学的严谨方法，把科学认知的发展过程梳理得淋漓尽致。事实上，作者张翼成曾整理过一本简要紧凑的英文小册子[①]。师法当然是我们的愿景，我们会努力朝巨人指引的方向前进。

本书虽然没有数学公式，其实更细致的研究工作已经在专业期刊上发表了几十篇。作者会把这些专业文献集中起来发表个文集统一评注，使得感兴趣的读者和学者可以进一步深究我们结论的支撑点。本书的基本目的是使读者尽可能快速地获得一个大框架，这样可以在更广的范围引起兴趣、批评与讨论。

总之，今天的经济学说不应再是经济学家的一言堂，而应以更加开放的心态跨越传统的学科边界，走出传统意义上的学术圈子，融合社会学、心理学、信息科学等多学科领域的前沿思想和方法，结合大数据、互联网及人工智能等前沿技术，并将 IT、制造业、商业，以及成功的企业家与创造力丰富的创业大军都纳入思考与研究的范畴。只有这样，才能避免脱离社会

---

① The structure of information economy, The role of information in markets and beyond, Amazon, May 2017.

经济实际情况的概念推演，提炼的结论也将具有与时俱进的解释力和说服力。这样的学说才有可能真正为社会服务，才能在实践中得以发展。时势造英雄，我们共同期待，在不久的将来，中国经济理论的研究者，也将像中国网络时代的商业实践者一样，真正登上世界舞台。

未来，属于终身学习者

我这辈子遇到的聪明人（来自各行各业的聪明人）没有不每天阅读的——没有，一个都没有。巴菲特读书之多，我读书之多，可能会让你感到吃惊。孩子们都笑话我。他们觉得我是一本长了两条腿的书。

——查理·芒格

互联网改变了信息连接的方式；指数型技术在迅速颠覆着现有的商业世界；人工智能已经开始抢占人类的工作岗位……

未来，到底需要什么样的人才？

改变命运唯一的策略是你要变成终身学习者。未来世界将不再需要单一的技能型人才，而是需要具备完善的知识结构、极强逻辑思考力和高感知力的复合型人才。优秀的人往往通过阅读建立足够强大的抽象思维能力，获得异于众人的思考和整合能力。未来，将属于终身学习者！而阅读必定和终身学习形影不离。

很多人读书，追求的是干货，寻求的是立刻行之有效的解决方案。其实这是一种留在舒适区的阅读方法。在这个充满不确定性的年代，答案不会简单地出现在书里，因为生活根本就没有标准确切的答案，你也不能期望过去的经验能解决未来的问题。

湛庐阅读APP：与最聪明的人共同进化

有人常常把成本支出的焦点放在书价上，把读完一本书当做阅读的终结。其实不然。

- -
时间是读者付出的最大阅读成本
怎么读是读者面临的最大阅读障碍
"读书破万卷"不仅仅在"万"，更重要的是在"破"！
- -

现在，我们构建了全新的"湛庐阅读"APP。它将成为你"破万卷"的新居所。在这里：

- 不用考虑读什么，你可以便捷找到纸书、有声书和各种声音产品；
- 你可以学会怎么读，你将发现集泛读、通读、精读于一体的阅读解决方案；
- 你会与作者、译者、专家、推荐人和阅读教练相遇，他们是优质思想的发源地；
- 你会与优秀的读者和终身学习者为伍，他们对阅读和学习有着持久的热情和源源不绝的内驱力。

从单一到复合，从知道到精通，从理解到创造，湛庐希望建立一个"与最聪明的人共同进化"的社区，成为人类先进思想交汇的聚集地，共同迎接未来。

与此同时，我们希望能够重新定义你的学习场景，让你随时随地收获有内容、有价值的思想，通过阅读实现终身学习。这是我们的使命和价值。

湛庐阅读APP玩转指南

湛庐阅读APP结构图:

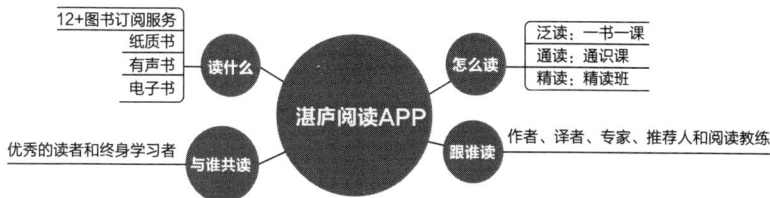

12+图书订阅服务
纸质书
有声书   **读什么**
电子书

湛庐阅读APP

怎么读　泛读:一书一课
通读:通识课
精读:精读班

优秀的读者和终身学习者　**与谁共读**

跟谁读　作者、译者、专家、推荐人和阅读教练

三步玩转湛庐阅读APP:

读一读 ▼

湛庐纸书一站买,
全年好书打包订

书城

听一听 ▼

泛读、通读、精读,
选取适合你的阅读方式

精读班　一书一课
通识读

扫一扫 ▼

买书、听书、讲书、
拆书服务,一键获取

扫一扫

APP获取方式:
安卓用户前往各大应用市场、苹果用户前往APP Store
直接下载"湛庐阅读"APP,与最聪明的人共同进化!

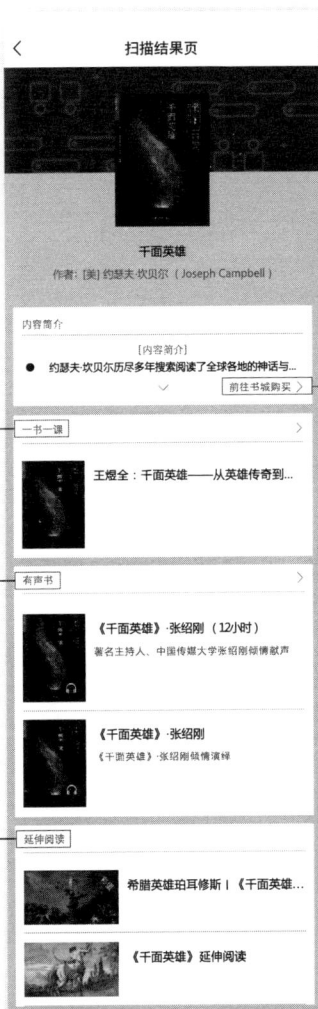

使用APP扫一扫功能，
遇见书里书外更大的世界！

大咖优质课、
献声朗读全本一键了解，
为你读书、讲书、拆书！

你想知道的彩蛋
和本书更多知识、资讯，
尽在延伸阅读！

快速了解本书内容，
湛庐千册图书一键购买！

扫描结果页

千面英雄
作者：[美] 约瑟夫·坎贝尔（Joseph Campbell）

内容简介

[内容简介]
约瑟夫·坎贝尔历尽多年搜索阅读了全球各地的神话与...

前往书城购买

一书一课
王煜全：千面英雄——从英雄传奇到...

有声书
《千面英雄》·张绍刚（12小时）
著名主持人、中国传媒大学张绍刚倾情献声

《千面英雄》·张绍刚
《千面英雄》·张绍刚倾情演绎

延伸阅读
希腊英雄珀耳修斯 I《千面英雄...

《千面英雄》延伸阅读

延伸阅读

为数据而生》

◌ 中国最年轻的大数据领军人、百万级畅销书《大数据时代》中文版译者、2015 年度中国十大科技创新人物周涛首部个人专著！大数据创新实践的扛鼎之作！

◌ 宽带资本董事长田溯宁、阿里巴巴集团执行副总裁曾鸣、香港科技大学教授杨强重磅推荐！

大数据时代》

◌ "大数据时代的预言家"维克托·迈尔·舍恩伯格开启海外大数据系统研究的先河之作！

◌ 大数据带来的信息风暴正在变革我们的生活、工作和思维，大数据开启了一次重大的时代转型，并用三个部分讲述了大数据时代的思维变革、商业变革和管理变革。

爆发》（经典版）

◌ 全球复杂网络权威巴拉巴西最新著作！颠覆《黑天鹅》的惊世之作！

◌ 继基因革命后最具影响力的发现，人类行为 93% 是可以预测的，揭开人类行为背后隐藏的模式。

链接》（10 周年纪念版）

◌ 全球复杂网络权威巴拉巴西成名之作，复杂网络奠基之作，社交网络入门之作，被视为复杂网络的基石，大数据时代的开端！

◌ 书中追溯网络的数学起源，分析了社会学家在此基础上得出的研究成果，阐释我们周围所有的复杂网络都不是随机的，都可以用同一个稳健而普适的架构来刻画。

图书在版编目（CIP）数据

重塑：信息经济的结构 / 张翼成，吕琳媛，周涛著.
—成都：四川人民出版社，2018.1
ISBN 978-7-220-10663-7

Ⅰ.①重… Ⅱ.①张… ②吕… ③周… Ⅲ.①信息经济 – 研究
Ⅳ.① F062.5

中国版本图书馆 CIP 数据核字（2017）第 325543 号

上架指导：商业趋势/信息经济

重塑：信息经济的结构

张翼成　吕琳媛　周涛 著

责任编辑：王　茴
版式设计：李新泉
封面设计：零创意文化
责任印制：王　俊

四川人民出版社出版
（成都市槐树街 2 号 610031）
河北鹏润印刷有限公司印刷　新华书店经销
字数 114 千字　880 毫米 ×1230 毫米　1/32　印张 7　插页 2
2018 年 1 月第 1 版　2018 年 1 月第 1 次印刷
ISBN 978-7-220-10663-7
定价：69.90元